우리민족 찾아

아시아 대장정

저자 인병선

짚풀생활사박물관장. 1935년 평안남도 용강에서 태어나 서울대 철학과를 중퇴했다. 1991년 짚풀문화 특별전을 열고, 1993년 짚풀생활사박물관을 설립하는 등 우리 집풀문화에 대한 조사 · 정리 작업을 꾸준히 해왔다. 2005년 짚문화 연구에 대한 공로를 인정받아 제2회 대한민국문화유산상을 받았다. 지은 책으로 『짚문화』 『풀문화』 『우리가 정말 알아야 할 우리 짚풀문화』 『벼랑 끝에 하늘』 『들풀이 되어라』 『가마니로 본 일제강점기 농민 수탈사』 등이 있다.

우리민족 찾아
아시아 대장정

초판 1쇄 인쇄 2016년 12월 20일
초판 1쇄 발행 2016년 12월 30일

저 자 인병선

발행인 윤관백
발행처 도서출판 선인

영 업 김현주

등 록 제5-77호(1998.11.4)
주 소 서울시 마포구 마포동 324-1 곶마루 B/D 1층
전 화 02)718-6252/6257
팩 스 02)718-6253
E-mail sunin72@chol.com

정 가 20,000원
ISBN 979-11-6068-019-5 93910

이 책에 실린 태국치앙마이편은 1993년 1월 20일부터 2월 15일까지 일간지 한겨레 신문에 5회에 걸쳐 연재한 내용에 사진을 한층 보충하여 옮긴 것임을 밝혀둔다.

우리민족 찾아

아시아 대장정

인병선

도서출판 선인

들어가는 말

내가 태국 북부 소수민족에 관심을 갖게 된 것은 소설『치앙마이』(김병호 著)를 읽고부터이다. 소설은 조금쯤은 허황된 무협소설로 느껴졌다. 그런데도 내가 태국 북부를 답사하기로 결심한 것은 그 속에 도저히 간과할 수 없는 어떤 진실들이 엿보였기 때문이다. 소설은 태국 북부에 있는 소수민족 가운데 아카족·라후족·리수족이 옛날 나당연합군(羅唐聯合軍)이 백제와 고구려를 정벌(征伐)하여 삼국을 통일할 때 당나라에 끌려간 우리 고구려와 백제의 유민(流民)들이 틀림없다고 주장하고 있었다.

그 증거로 든 언어·풍습 등 1백 60여 가지의 사례 가운데 실을 잣고 베를 짜는 모습 등은 나처럼 민속을 연구하는 사람에게는 대단한 매력이 아닐 수 없었다. 만일 그러한 주장이 옳다면 이제는 스러져가는 우리 민속의 원형을 볼 수 있을지도 모른다는 생각과, 지금은 다 잃어버린 고대적(古代的) 원형에 어쩌면 접할 수 있을지도 모른다는 기대가 나를 강하게 그쪽으로 이끌었다.

그러나 몇 가지 의혹만은 끈질기게 고개를 들고 따라붙었다. 고구려·백제의 유민이라니, 그런 일이 있을 수 있을까. 1천 3백여 년이라는 시간적 공간을 뛰어넘어 그들이 다시 우리 앞에 나타나다니 그런 기적 같은 일이 과연 가능할까.

당시 나는 우리의 귀중한 문화유산인 짚풀문화를 조사하기 위해 전국을 샅샅이 누빈 경험을 가지고 있었다. 이 경험을 살려 김병호 씨가 제시한 "우리 민족이 있다"는 주장을 내 눈으로 직접 검증하고 싶은 강한 욕망을 느꼈고 특히 내가 해온 일, 짚풀문화와 도령신앙(稻靈信仰), 가신(家神) 측면에서 그들의 문화를 살펴보고 싶은 소망이 나를 사정없이 그 쪽으로 몰아붙였다. 그것이 태국 북부와 윈난성(云南省) 일대를 누빈 계기가 되었다.

태국 북부에는 총 10개 소수민족이 살고 있었다. 이 가운데 티베트계, 몽골계, 중동계를 제외한 아카족, 리수족, 라후족은 우리 민족일 가능성이 높다는 것을 확인했다. 이것은 김병호 씨의 주장과 일치하는 대목이었다. 그러나 그것만 가지고 곧 '그들이 우리 민족이다'라고 단정하는 것은 극히 감상적이고 위험한 결론이었다. 그들의 원류(源流), 즉 그들의 정체성을 알려면 그들이 태국으로 오기 전에 살았던 곳, 중국 윈난성을 답사하지 않을 수 없다는 결론에 도달했다.

중국에는 우리 조선족까지 합쳐 모두 55개 소수민족이 살고 있다. 그 중 윈난성에만 25개 소수민족이 있다. 그 25개 민족 중에 하니족, 리수족, 라후족이 있고 그 일부가 태국 북부로 넘어온 것이다.

윈난성(云南省)에서의 '우리 민족 찾기 대장정'은 40일간에 걸쳐 진행되었다. 일제 도요타 지프 1대와 운전기사, 조선족 여성 가이드와 학예연구사 그리고 본인 이렇게 4인이 한 팀이 되어 윈난성의 남쪽 시솽반나(西双版納)에서 북쪽 닝랑현(宁蒗县) 그리고 서쪽 푸궁현(福貢县), 량허현(梁河县)까지 25개 소수민족을 거의 빠짐없이 조사했다.

우리나라 최고(最古)의 사서(史書)인 삼국유사(三國遺事)와 삼국사기(三國史記)를 보면 다음과 같은 기록이 있다.

1) 삼국유사 제1권 태종춘추공(三國遺事 卷第一 太宗春秋公) 편

定方令士起堞立唐旗幟 泰窘迫乃開門請命 於是王及太子隆王子泰大臣貞福與諸城皆降 定方以王義慈及太子隆王子泰王子演及大臣將士八十八人百姓一萬二千八百七人送京師.

소정방이 군사를 시켜 성첩(城堞)을 세우고 당나라 깃발을 꽂으니 태(泰)는 일이 매우 급해서 문을 열고 항복하기를 청했다. 이에 왕과 태자 융(隆), 왕자 태(泰), 대

신 정복(貞福)과 여러 성이 모두 항복했다. 소정방은 왕 의자와 태자 융(隆), 왕자 태(泰), 왕자 연(演) 및 대신(大臣), 장사(將士) 88명과 백성 12,807명을 당경(唐京)으로 보냈다.

2) 삼국사기 제6권 신라본기 제6 (三國史記 卷第六 新羅本紀 第六) 문무왕 상편

九月二十一日 與大軍合圍平壤 高句麗王先遣泉男産等 詣英公請降 於是 英公以王寶臧王子福男德男大臣等二十餘萬口廻唐 角干金仁問大阿飡助州隨英公歸 仁泰義福藪世天光興元隨行

9월 21일, 당나라 군대와 합하여 평양을 포위하였다. 고구려왕은 먼저 천남산(泉男産) 등을 보내 영공(英公)을 만나 항복을 청하였다. 이에 영공은 보장왕(寶臧王)과 왕자 복남(福男)· 덕남(德男) 그리고 대신 등 2십여 만 명을 이끌고 당나라로 돌아갔다. 각간(角干) 김인문(金仁問)과 대아찬(大阿飡) 조주(助州)가 영공을 따라갔는데, 인태(仁泰)· 의복(義福)· 수세(藪世)· 천광(天光)· 흥원(興元) 등도 수행하였다.

3) 삼국사기 제22권 고구려본기 제10(三國史記 卷第二十二 高句麗本紀 第十) 보장왕 하편

二年 己巳二月 王之庶子安勝 率四千餘戶 投新羅 夏四月 高宗移二萬八千三百戶於江淮之南 及山南京西諸州空曠之地

2년(서기 669년, 신라 문무왕 9년) 기사 2월에 임금의 서자 안승(安勝)이 4천여 호를 인솔하고 신라에 투항하였다. 여름 4월에 당 고종이 2만 8천 3백 호를 강회(江淮)의 남쪽과 산남(山南)과 경서(京西) 등지에 있는 모든 주에 사람이 없는 지역으로 이주시켰다.

3)의 사기에는 당의 고종이 고구려 유민들을 이주시킨 지역명이 상세히 기록되어 있다. "강회(江淮)의 남쪽과 산남(山南)과 경서(京西) 등지에 있는 모든 주에 사람이 없는 지역으로 이주시켰다."이 강회(江淮)와 산남(山南)과 경서(京西)는 현재의 어느 지

역을 말하는 것인가를 지도로 살펴보면 다음과 같다.

지도를 보면 고구려 유민들은 동쪽으로는 지금의 안후이성과 장시성 일대와 서쪽으로는 지금의 시짱자치구 일대에 분산 배치되었음을 알 수 있다. 그렇다면 그들은 어떻게 해서 현재의 운남성에 정착하게 되었는가. 지금처럼 교통이 좋은 때도 아닌데 동쪽 끝과 서쪽 끝에서 그 먼 대륙을 어떻게 횡단하여 그 곳까지 갔는가. 이에 대한 해답은 이 글 후반부에서 독자 스스로 찾을 수 있을 것이다.

이 책이 나오기까지 많은 도움을 주신 민지은(閔智銀) 선생과 왕극평(王克平) 선생께 깊은 감사의 뜻을 전한다.

2016년 12월 인병선

들어가는 말

I. 태국 치앙마이 편

II. 중국 윈난성(云南省) 편

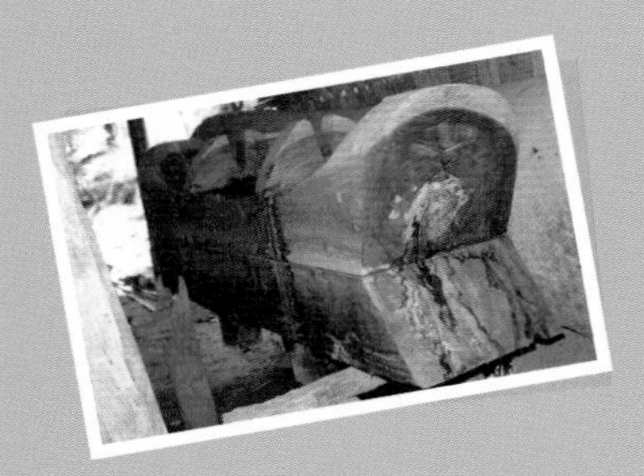

제 I 부

태국 치앙마이 편

1. 마침내 치앙마이로

1992년 12월 8일 나는 드디어 태국북부 치앙마이로 출발했다. 도착 즉시 지프 한 대와 안내인 한 사람을 구했다. 안내인은 40세 좀 넘은 한국인 남자로 사업상 7년 넘게 태국에 살아 안내에 적임자라고 했다. 지프를 빌리는 데에 우리 돈으로 하루에 2만 천 원, 안내인 인건비 4만 원. 적지 않은 비용이었으나 종횡으로 기동성 있게 답사하려면 달리 방법이 없었다. 안내인은 나를 제일 먼저 통산으로 데리고 올라갔다. 통산은 태국 최북단 미얀마와의 접경에 있었다. 입구 검문소에서 제복 차림의 태국 군인이 손을 들어 우리를 세웠다.

안내인은 차에서 내리며 내게 귀띔을 해주었다.

"혹시 물으면 영어만 쓰세요. 이 사람들은 영어 쓰는 사람을 제일 겁내거든요."

이윽고 가도 좋다는 표시로 군인이 손을 들었다.

"저래 보여도 까다로우려면 무척 까다롭거든요. 여기가 어딘 데요. 밀수꾼이 우글대는 국경지대가 아닙니까. 미얀마에서 아편하고 보석이 무척 많이 들어오거든요. 혐의가 있다 싶으면 짐 속은 물론 차 엔진 속까지 싹 뒤져요."

국경, 마약, 밀수, 낯선 낱말들을 들으며 몸속에 서서히 긴장감이 차오르는 것을 느꼈다. 지프는 아침 안개가 채 걷히지 않은 산길을 가쁜 숨결로 치달았다. 산길이 바로 국경이어서 우리는 사실상 미얀마와 태국을 번갈아 넘나드는 꼴이었다.

뿌연 안개 속으로 짐을 진 산족(山族) 아낙네들이 산길을 내려오는 모습이 보였다.

제각기 망태기 하나씩을 지고 있었는데, 망태기 끈을 이마로 받친 기묘한 모습이었다. 언제 빨아 입었는지 옷엔 땟국이 흐르고, 슬리퍼를 끌거나 그도 아니면 맨발인 산족 아낙들의 행색은 무척 초라하고 고단해 보였다. 과일, 야채 같은 걸 팔러 시장으로 나가는 길이라는 것이었다. 혹은 관광객들에게 인기가 있는 수예품도 많이 내다 판다고 했다.

태국 북부에는 현재 10여 개 소수민족(少數民族), 통칭 산족(山族)이 살고 있다. 거의가 20세기 초부터 중국 남쪽 윈난성(云南省) 부근에서 샨 고원을 거쳐 들어왔는데, 근래에는 미얀마의 네윈 정권이 독재를 하면서부터 해마다 태국을 통해 흘러들어오는 수가 늘어가고 있다고 했다.

소수민족이란 정부도 땅도 없이 오로지 민족만이 있는 집단을 말한다. 이들은 특정 지역에 정착해 독립을 쟁취하려고 끊임없이 노력을 기울인다. 그러나 정치적 역학관계는 그것을 만만히 허용하지 않고, 삶의 터전을 찾아 산으로 들어가 그 속에 일종의 치외법권(治外法權) 지대를 만들어 칩거하는 것이 인도지나반도(印度支那半島) 소수민족의 일반적인 현실이다.

통산 꼭대기에 오르자 미얀마 쪽으로 높고 낮은 산들이 줄달음질치고 그 저쪽에 검은 실루엣으로 바로 눈앞인 듯 샨 고원이 펼쳐져 있었다. 샨 고원, 나는 낯익은 이름에 귀가 번쩍 뜨였다.

"저기에 쿤사가 있어요. 대단한 인물이죠. 마약대왕이라 하지 않습니까. 미얀마, 라오스에서 생산되는 마약이 일 년에 5백에서 1천 톤가량이래요. 굉장한 양이죠. 세계 총생산량의 약 70%랍니다. '마의 트라이앵글'이 왜 '골든트라이앵글'이 됐는데요. 다 마약 때문이죠. 그 마약을 대부분 쿤사가 쥐고 있다는 거예요. 그 대신 산족을 쿤사가 이모저모 보살펴주는 모양이에요. 사실 산족은 나라도 '빽'도 아무것도 없거든요. 영주권이 있습니까. 주민등록증이 있습니까. 거의가 불법체류자들이거든요."

샨 고원은 일찍이 인류의 가장 소중한 식량인 벼를 최초로 키워낸 고장이라는 학설이 있다. 그 땅이 지금은 인류를 파멸로 몰고 가는 마약의 주요 생산지로 바뀌었다니 묘한 아이러니를 느끼지 않을 수 없었다.

퉁산은 물론이고, 샨 고원에 이르는 산들은 모두 헐벗은 까까머리 민둥산이었다. 산족들이 나무를 잘라내고 불을 질러 화전을 일궜기 때문이다. 마을 가까운 곳에서는 곡식을, 깊은 곳에서는 마약을 재배하고 있다고 했다. 밭들은 흡사 조각보처럼 다닥다닥 이어져 있고 색깔도 갖가지여서 노랑, 파랑에다가 불 놓은 지 얼마 안 되는 듯 숯 색으로 검은 부분도 있었다.

경사 60도가 넘을 듯싶은 가파른 밭에서 산족 일가가 밭벼를 거둬들이는 모습이 멀리 보였다. 5월이 지나 우기가 되면 벼 · 콩 · 밀 따위를 뿌리는데, 논과 달라 벼의 수확은 극히 보잘 것 없다고 했다.

| 아카족 |

닭장과 여인

마을 장승

노래에 맞춰 통나무로 바닥을 두드리며 노래하는 여인들

마을 솟대

곱게 차려 입은 어린아이

마을 솟대의 윗부분

춤추는 여인들

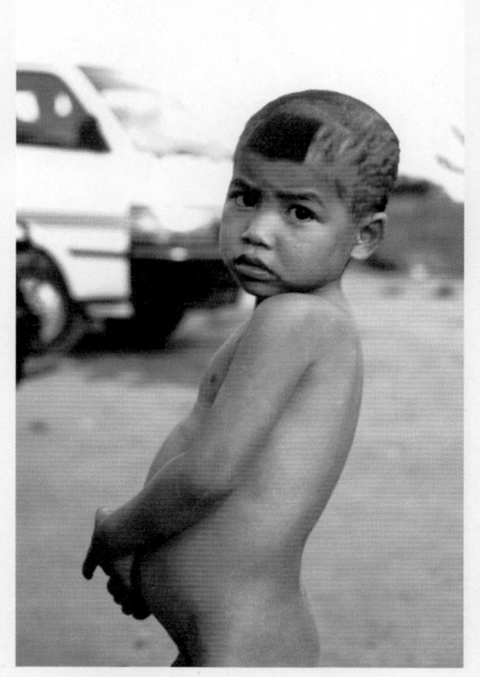

벌거벗은 남자아이

장승, 솟대, 그네가 있는 마을입구의 성지

마을 장승

아래 왼편 작은 바구니에는 쌀이, 오른편 큰 바구니에는 악기가 들어있다. 쌀은 해마다 햅쌀로 바꾸고 악기는 그때 벌리는 잔치용이다. 햅쌀이 담긴 바구니는 우리의 성주독과 똑같은 의미를 담고 있다.

예전 우리 가정에도 있었던 성주독. 해마다 추수한 햅쌀을 담아놓고 가화만사성을 빌었다.

우리 바지와 너무 닮은 것을 입은 남자의 앞모습

우리 바지와 너무 닮은 것을 입은 남자의 뒷모습

팔방놀이하는 어린이들

안에 쌀 단지와 벼 약간이 들어있는 일종의 성주독.

베 짜는 여인

마을

베 짜기 전에 날을 고르는 모습

무덤

2. 아카족

제일 먼저 도착한 곳은 아카족 마을이었다. 우리 민족일 가능성이 있다는 라후, 리수, 아카 세 종족 중에 가장 높은 곳에 사는 종족이 아카, 다음이 라후, 다음이 리수족이라고 한다. 길에서 태국 쪽으로 좁은 마을길이 보이고 그 길을 따라 들어가자 갑자기 시야가 트이며 마을 전경이 드러났다. 50여 호 가량 될까. 게딱지같은 초가집이 산비탈에 다닥다닥 붙어 있었다. 아직 걷히지 않은 아침안개가 산골짜기를 바다처럼 메우고 그 위에 마을이 태고의 신비처럼 오롯이 떠 있었다.

아카족 마을이라고 하자 나는 갑자기 온몸에 긴장이 흐르는 것을 느꼈다. 나는 가능한 마음을 가라앉히고 침착하려 애쓰며 카메라를 꺼내들었다. 멀리서 볼 때와 달리 마을의 살림살이는 너무나 가난하고 초라했다. 대나무를 잘라 얼기설기 세운 다락집 위층에는 사람이 살고 아래층에는 돼지, 닭 등 가축이 돌아다녔다. 악취가 풍겨 어떻게 살까 싶은데 그래도 사람들은 태연히 앉아 식사를 하고 있었다. 입은 옷들은 하나같이 남루하고 아이들은 맨발인 채 구경났다고 우리 곁으로 몰려들었다.

'산족(山族) 마을에서는 절대로 쿤사 얘기를 해서는 안 됩니다. 사진을 찍어도 안 되고요. 이 일대에서 외부 사람들이 소리 없이 사라지는 경우도 있어요. 쿤사를 독점 취재한다고 샨 고원으로 들어가다가 여러 사람이 희생됐어요. 먼저 양해를 구하기 전에는 절대 사진을 찍지 마세요.'

수도 시설은 물론 전기 시설도 없는 원시적인 환경에서 사는 이 사람들, 나는 갑자기 그 모든 문제 앞에서 도망쳐버리고 싶은 강한 충동을 느꼈다. 그럴 리가 없다. 우리 민족일 리가 없다. 고구려, 백제 사람들이 어떤 민족인데, 그 위대한 민족이 이토록 퇴락한 모습으로 남아 있을 리가 없다.

안내인이 태국 말을 아는 남자를 찾아냈는지 손짓으로 나를 불러 한 집으로 안내했다. 태국 말을 아는 남자의 삼촌집이라는데 60세가 좀 넘어 보이는 할머니와 할아버지가 무뚝뚝한 표정으로 우리를 맞이했다. 거실은 나무 사다리로 올라가게 되어 있는데 라후나 리수족과 달리 아카족은 남자의 출입문과 여자의 출입문이 엄격히 구분되어 있다고 했다. 거실도 남자 방과 여자 방이 서로 오고갈 수는 있으나 칸막이로 나뉘어 있고, 여자 방에는 외간 남자가 절대로 들어갈 수 없다고 했다. 그런데 놀랍게도 이곳에 우리 농촌에서 보았던 것과 같은 성주가 있었다. 칸막이의 한쪽, 그러니까 여자 방 윗목 기둥에 띠 한 움큼이 길게 묶여 있었던 것이다. 집을 지을 때 기둥을 세우면 제일 먼저 거는 것이라고 했다. 이곳은 지붕을 모두 산에 자생하는 띠로 덮었다. 그 띠를 성주의 신체로 삼은 것이다. 성주 옆에는 실꾸리 하나가 풀로 붙인 듯 걸려 있는데 얼마나 오래됐는지 짙은 회색으로 그을려 방바닥에는 벽에 기대어 작고 큰 독 2개가 나란히 놓여 있었다. 큰 독에는 제기(祭器)와 악기(樂器)가 들어있고 작은 독에는 햅쌀이 가득 들어 있다고 했다. 그 햅쌀은 신에게 바치는 것으로 햇곡식이 날 때까지 절대로 손을 대지 않는다고 했다. 그것은 신기하게도 우리네 풍속과 똑같았다. 지금은 많이 없어졌지만 예전에는 우리도 수확을 하면 제일 먼저 안방 문 앞 성주독에 묵은쌀을 떠내고 햅쌀로 채우는 풍속이 있었다.

도령신앙(稻靈信仰)이란 벼 자체를 신앙의 대상으로 삼는 것을 말한다. 우리네 성주독에 담는 쌀은 성주에게 바치는 제물인 듯 보이지만 사실은 그 자체 신체(神體)의 성격이 강하다. 가령 제사를 지낸다거나 고사를 지낼 때는 반드시 음식을 차려 제일 먼저 그 앞에 놓고 절을 올린다. 이것은 성주와 도령이 혼합된 것, 도령이 바로 성주로 앉는 그런 형식으로서 이 신앙은 농경사회에서도 도작문화권(稻作文化圈)에 널리 분포되어 있다.

우리 속담에 "굶어죽어도 씨오쟁이는 베고 죽어라" "7년 대한에도 씨앗은 나와 농사를 잇게 된다"라는 것이 있다. 농경사회에서 씨앗은 생명과도 같은 것이다. 추수를 하면 무엇보다 먼저 이듬해 심을 씨앗부터 씨오쟁이에 담아 보관했다. 성주독, 삼신단지, 업단지 등 도령신앙의 신체는 이런 씨앗의 소중함이 관념화하면서 신격으로까지 승화한 것으로 추측된다.

그런 도령신앙이 이곳에 뚜렷이 자리 잡고 있다니 아무리 해도 믿을 수가 없었다. 이곳은 우리네 영호남 같은 도작문화권이 아니다. 해발 1,300미터가 넘는 산꼭대기에서 생업이라 할 수도 없는 도작의 신앙을 지키고 있다는 것은 도대체 무엇을 말하는가. 그것은 이들이 일찍이 아득한 옛날 도작문화권에 살았다는 엄연한 증거라고 본다면 지나친 비약일까.

집주인 노인에게 물어보니 그들은 중국 윈난성 쿤밍시(昆明市) 부근에서 아버지 대에 미얀마를 거쳐 이 곳 태국으로 내려왔다고 했다. 그렇다면 도령신앙은 일종의 동남아시아 화전(火田) 경작민의 신앙형식이 아닐까 생각할 수도 있으나 그러기에는 너무 보편성이 없었다. 그날 이후 라후, 리수, 진허, 미엔, 몽 등 아카족과 똑같이 중국 남부지방에서 내려온 다른 종족들을 면밀히 살펴보았지만 아카족과 근친성이 있다는 리수족에게 성주 모시는 의식이 있는 것을 제외하고는 비슷한 것조차 찾아볼 수 없었다.

아카족 전설에 도작(稻作)과 관련된 재미있는 이야기가 있었다.

옛날 한 과부가 어린 딸과 함께 살았다. 하루는 딸이 온데간데없이 사라져 하루 종일 찾아 헤매다가 강가에 앉아 있으려니까 문득 강 속에서 딸의 목소리가 들렸다. 딸은 그 강물의 용왕과 결혼했던 것이다. 그들과 한참 행복하게 산 과부가 육지로 돌아가려 하자 사위인 용왕이 볍씨 조금을 나뭇잎에 싸서 주었다. 돌아와 땅에 심자 주체할 수 없을 만큼 많이 걷혀 과부가 다시 용왕을 찾아가 도움을 청하자 용왕이 "당신 밭에 서서 세 번 휘파람을 불고 세 번 손뼉을 치시오"라고 말했다. 과부가 돌아와 그대로 하자 벼가 지금처럼 작아졌다는 것이다.

이 전설에는 동남아 지역에 널리 퍼져있는 '기적의 쌀' 내용이 혼합되어 있긴 하나 가장 중요한 것은 물의 신이 용신(龍神)이며 용신이 바로 농신(農神)이라는 관념이 들어 있는 점이다. 우리와의 유사성을 구태여 거론할 것도 없이 이 관념은 화전경작(火田耕作)보다는 수도경작(水稻耕作)에 가까운 것이라 하지 않을 수 없다.

아카족 마을에는 반드시 솟대와 장승이 설치되어 있었다. 마을 동쪽과 서쪽에 각각 세우는데 전의 것은 그대로 둔 채 촌장의 지휘 아래 해마다 새로 세우기 때문에 그 수를 세어보면 그들이 언제 그 곳에 정착했는지 알 수 있다는 것이다. 그들은 화전민이어서 길어야 10년 단위로 이주한다고 했다.

솟대의 모양은 큰 문과 같았다. 두 기둥을 세우고 위에 가름대를 걸쳤다. 그 가름대 위에 새, 활, 팽이 모양으로 깎은 남근(男根)이 놓여 있었다. 남근은 무슨 뜻이냐고 물었더니 안내인은 "하늘의 정기(精氣)를 받아 정액(精液)처럼 땅에 쏟으라"는 뜻이라고 통역했다. 마을에 따라서는 총, 칼, 심지어 헬리콥터, 비행기 모형까지 만들어 배치한다고 했다. 이는 부정(不淨) 또는 악귀를 물리치려는 이들 의지의 한층 세련된 표현일 것이다.

솟대 옆에는 반드시 장승이 있었다. 장승은 남녀 한 쌍이었는데 우리처럼 문자로 구분한 것이 아니라 적나라한 성기(性器)의 노출로 표현해놓고 있었다. 성기를 그냥 노출한 정도가 아니라 노골적으로 결합하는 모습마저 드러내고 있어 원시사회의 생생한 성기숭배(性器崇拜), 즉 다산신앙(多産信仰)을 엿볼 수 있었다.

나는 그 장승을 보며 우리의 것도 본래는 저런 모양이 아니었을까 생각했다. 그 근거로 우리 장승 중 머리 모양에 남근을 닮은 것이 많고, 유교가 정치이념이 되어 남근이 제거될 무렵에 생긴듯한 "장 정승이 딸과 불륜을 저질러 그를 징계하기 위해 남근을 잘라 길가에 세웠다"는 전설이 그것을 뒷받침한다.

솟대의 기둥과 가름대 표면에는 대나무를 쪼개 만든 별 모양의 터부가 가득 붙어 있었다. 이 별 모양의 터부는 우리 민속의 금줄과 그 의미가 똑같은 것 같았다. 아카족에게는 이 솟대, 장승의 기원을 설명하는 매우 흥미로운 전설이 전해지고 있었다.

"옛날 혼령들과 사람들이 서로 뒤섞여 살 때였다. 사람들은 낮에 밭을 갈고 혼령들은 밤에 그들의 밭을 갈았다. 어느 날 혼령들이 사람들 집에 들어가 달걀을 훔치기 시작했다. 다툼이 차츰 잦아지자 사람들과 혼령들은 모여 회의를 했다. 결과, 사람들은 마을에 살고 혼령들은 숲에 살기로 결정했다. 그 경계를 표시하기 위해 마을 입구에 솟대와 장승을 세우게 됐다"는 것이다.

아카족들은 이 솟대와 장승을 매우 성스럽게 생각하고 있었다. 만일 누군가가 파괴를 하거나 더럽혔을 때는 즉시 벌금을 내거나 아니면 많은 비용을 내서 제사를 지내야 한다고 했다.

솟대, 장승신앙은 우리와 아카족에게만 있는 것은 아니다. 그렇기 때문에 이것만 가지고 곧 그들이 우리 민족이라고 단정할 수는 없다. 일본 민속학자 아키바는 그의 저서 『조선민속지』에서 퉁구스계의 골디족, 솔론족, 만주 산중의 오로촌족들도 솟대, 장승 신앙을 지키고 있다고 적고 있다.

그렇다면 아카족은 이들 종족 중 일부가 태국 북부까지 흘러내려간 것인가. 그러나 우리는 여기에서 매우 중요한 한 가지 사실을 간과해서는 안 될 것이다. 즉 위의 골디, 솔론, 오로촌족은 모두 북만주와 동시베리아의 수렵민족들이라는 사실이다. 벼농사와 거의 관련이 없는 이들이 만일 아카족의 시원이라 한다면 아카족이 지금 집안에 지키고 있는 도령신앙(稻靈信仰)은 대체 어떻게 설명해야 한단 말인가. 그러므로 아카족은 북방의 솟대, 장승문화와 남방의 벼농사문화가 만나는 곳, 그 곳에 시원(始原)을 두고 있다고 보아야 할 것이다.

아카족 마을에서 또 하나 눈에 띄는 것은 그네였다. 우리 것과 같은데 한 가지 반드시 솟대, 장승 옆에 세우는 점이 우리와 달랐다. 아카족에게는 그네가 종교적인 의미를 갖고 있는 것 같았다. 그들의 성소(聖所)라고 할 수 있는 솟대, 장승 옆에 세우는 것도 그렇고, 마을 그네잔치에서는 반드시 명절이나 추수 때처럼 성주와 도령에 고사를 지낸다는 것도 그렇다. 그네의 종교적 의미는 무엇일까. 그네를 즐겨 타온 우리도 한번쯤 생각해 볼 필요가 있지 않을까 생각되었다.

우리는 그날 늦게까지 그 마을에 머물렀다. 해가 기울자 기온이 급강하하며 추위가 엄습해왔다. 나는 차에서 파카를 꺼내 입고 안내인이 아카족을 시켜 피워놓은 모닥불 옆에 앉았다. 내가 종일 우리와 같이 다닌 아카족 남자에게 사례할 뜻을 비치자 안내인은 1백 바트만 주라고 했다. 1백 바트면 우리 돈으로 3천 2백 원에 해당한다. 내가 놀라 쳐다보자 안내인은 "그것도 너무 많습니다. 이 사람들 산 아래 내려가서 품 팔면 얼마 받는지 아십니까. 점심 싸가지고 가서 40~50바트 밖에 못 받아요. 그나마 일거리나 많으면 괜찮게요. 태국도 지금 사람이 남아돕니다. 가능하면 자기네 사람 쓰고 어쩌다 일자리가 있어도 건강하고 젊은 사람으로 반값에 쓰니까 참 불쌍합니다. 보십시오. 빈둥빈둥 노는 사람들이 얼마나 많은가."

나는 몸을 웅크리고 불 옆으로 몰려 든 아이들과 어른들을 번갈아 쳐다보았다. 너무나 순한 눈매들, 그러면서도 우리와 너무나 닮은 얼굴들, 나는 갑자기 가슴 저 안쪽으로부터 뭔가 뜨거운 것이 치밀어 오르는 것을 느꼈다. 이들은 누구인가. 1천3백 년 전에

화석화(化石化)된 우리의 자화상인가. 1천3백 년 동안 반도의 산악지대를 맨발로 걸어 내려온 우리 민족이 틀림없는가.

이들은 불 옆에 둘러앉으면 자손들에게 곧잘 아카족으로서 지켜야할 규범과 전설, 족보 같은 것을 들려준다고 한다. 이들에게는 문자가 없다. 따라서 기록된 역사도 없다. 이들은 자신의 조상이 어디에서 시원(始原)했는지 전혀 알지 못한다. 다만 중국 윈난성(云南省)에 오래 살았다는 것 뿐 그 이상의 기억은 없다고 했다.

아카족의 족보란 남자 조상의 이름을 쭉 거슬러 외는 것이었다. 어떤 사람은 30~40대까지도 외고 있다고 한다. 아카족은 자신을 그 연면히 이어져온 고리 중의 하나라고 생각하고 있고, 그 고리를 이어가는 것이 자손의 도리이며 죽어서는 조상신이 되어 자손 곁으로 돌아온다고 믿고 있었다.

이들은 역사를 잃어버렸을 뿐만 아니라 미래 또한 예측 못할 어두움 속에 두고 있다. 전쟁과 굶주림을 피해 대륙의 산악지대를 헤쳐 왔지만 이제 더는 갈 곳이 없다. 다시 말해 대륙의 발끝에 와 있는 것이다. 이들은 발아래 펼쳐진 넓디넓은 평야를 내려다보며 무슨 생각을 하고 있을까.

카렌족이나 카친족처럼 조직력을 가지고 독립운동을 꾸준히 하고 있는 종족들은 그래도 다행한 경우이다. 그도 저도 아닌 종족들, 강대국들 사이에 끼어 소모품이 될 수밖에 없는 종족들이 비참한 것이다. 이들은 자신의 권리를 주장할 하등의 근거도 없다. 법밖에 있다고나 할까, 굶어도, 살해를 당해도 보호받을 길이 없다. 가축의 처지가 이보다 더할까. 태국 사람들은 아카족을 '이거'라 하고 라후족은 '뭇서'라 한다. 이거는 '아주 천한 노예'라는 뜻이고 뭇서는 '사냥꾼'이라는 말이라고 한다. 둘 다 이들의 처지를 잘 나타낸 말들이다.

게다가 이들은 지금까지와 또 다른 커다란 위기에 맞닥뜨려 있다. 문명이라는 것, 자본이라는 것, 노도처럼 밀려드는 이 물결 앞에서 이들의 삶은 지금 차츰 공중 분해되는 느낌마저 없지 않다. 지금까지 이들은 나름대로 순수한 전통과 혈통을 지켜왔다. 그러나 지금 문명은 그들의 전통과 정통을 사정없이 무너뜨리고 자본의 논리는 이들의 딸을 가차 없이 사창굴로 내몰고 있다. 사창굴에 팔려간 딸들은 성병과 에이즈를 묻혀 돌아오고 방비책이 없는 산족마을은 때론 전체가 에이즈에 감염되는 경우도 있다고 한다. 가임여성(可妊女性)의 단절은 무엇을 말하는가. 곧 종족의 멸절을 뜻하는 것이 아닌가.

집주위를 돌려친 액막이

절구질 하는 여인

집안 신단에 정화수를 놓는 여인

집안 신단에 절을 하는 여인

문에 친 액막이

애기 낳고 1주일간 세우는 액막이

리수족 아이

곡식 뒤주, 확이라 함

리수족 엄마와 딸

리수족 남성

리수족 무덤

대문에 친 액막이들

리수족 여인

마을 뒷산의 산신제단

3. 리수족

이튿날부터 우리는 몽족, 미엔족, 진허족 마을을 차례로 돌아보았다. 이들은 모두 라후족, 리수족, 아카족처럼 중국 남부에서 내려온 종족들이다. 그런데도 그 문화적 성격은 마치 높은 담을 쌓은 듯 차이가 났다.

아카족, 라후족, 리수족은 티베트계로 분류되고 몽족, 미엔족, 진허족은 한족계(漢族系)로 분류된다. 그래서 그런지 이들의 문화에서는 한족의 요소가 강하게 풍겼다. 몽족과 미엔족은 북방계 샤먼을 신봉했다. 집의 중심이라고 할 수 있는 곳에 여러 층의 선반을 매달고 무당이 쓰는 칼이라든지 신을 부르는 깃발 따위를 올려놓았다. 진허족은 부처를 모셨고 붉은 바탕에 검은 한자로 쓴 주련(柱聯) 같은 것을 사방에 붙여놓았다.

이들 종족 간의 문화적 차이는 놀랄 정도로 컸다. 가령 개울 하나를 사이에 두고 바로 인접한 종족 간에도 문화적 전통은 전혀 침해를 받지 않는 것 같았다. 그 고유성, 특이성이 바로 그들의 존재를 증명한다고 생각하는 걸까. 생활양식은 물론 신앙, 음식, 의복에 이르기까지 각기 다른 개성들을 지니고 있었다.

그런 의미에서 태국 북부는 인류의 마지막 남은 꽃밭이라는 생각이 들었다. 인류의 다양한 문화가 활짝 핀 꽃밭, 그러나 그 꽃밭은 지금 문명과 기독교로 인해 점차 시들어가고 있다. 선교 사업으로 기독교화한 마을은 의외로 많았다. 그런 곳은 예외 없이 전통문화가 모두 파괴되어버리고 세계 어딜 가나 동일한 문화로 획일화돼가고 있었다. 이 현상은 인류의 진보일까, 퇴보일까, 혼자 의문을 반추해 보았지만 해답은 그리 쉽게 떠

오르지 않았다.

몽족, 미엔족, 진허족은 모두 한자를 쓰고 있었다, 이것은 똑같이 중국 남부에서 내려온 라후족, 리수족, 아카족이 한자를 전혀 쓰지 않는 것과는 매우 대조적이었다. 라후족, 리수족, 아카족이 그 시원(始原)이야 어디든 몇 세기 동안 중국에 산 것만은 분명한데 한자를 쓰지 않는 것은 도대체 어떻게 설명해야 하는가. 추측한다면 두 가지 해석을 내릴 수 있을 것이다. 즉, 그들이 중국 사회에서 완전히 소외, 고립된 생활을 해왔거나, 아니면 그들 자신이 의식적으로 한자를 기피했거나 일 것이다. 어느 쪽인지는 잘 알 수 없으나 이것을 뒷받침하는 듯한 전설이 리수족에 전해지고 있었다.

"옛날 통치문제(統治問題)로 리수족과 한족 사이에 큰 싸움이 있었다. 양편 지도자가 만나 해결책으로 각기 막대기 하나씩을 숲에 심어 꽃이 먼저 피는 쪽이 통치권을 쥐기로 합의했다. 막대기를 심고 모두 잠이 들었는데 한족 지도자가 먼저 일어나 리수족 지도자의 막대기에 꽃이 핀 것을 보고 자기 것과 슬쩍 바꿔치기를 했다. 이 비겁한 속임수로 해서 리수족은 한족 지도자의 통치를 받게 되었다는 것이다."

답사를 시작한 지 닷새째 되는 날 우리는 리수족 마을을 찾아갔다. 마을 이름은 파캉, 안내인은 나를 만난 날부터 이 리수족에 대해 여러 번 얘기했다. 그 어조에 특별한 애정이 깃들었다 싶었는데 알고 보니 한 처녀와 친숙한 사이였다.

"재작년 겨울이에요. 시골에서 버스를 기다리다가 한 처녀를 알게 됐어요. 치앙마이에 나가 공장에 다니는데 설이 되어 집에 돌아가는 길이라는 거예요. 이런저런 얘기를 하다가 내가 객지에 있다는 걸 알고는 굳이 자기 집에서 설을 지내고 가라는 거예요. 마달 이유도 없고 그 사람들이 설을 어떻게 지내나 보고 싶기도 해서 따라갔죠. 놀랐어요. 그 화려하고 아름다운 옷이며 춤이라니. 외국인들이 리수족을 보고 공작새라고 하는데 그때 보니까 정말 그 말이 맞다 싶었어요. 찹쌀로 인절미를 해먹고 돼지를 잡고 조상에게 제사하고 처녀 총각이 모여 밤새도록 춤추고 새벽이면 집집마다 돌아다니고 꼭 우리 정월 보름 때 지신밟기 하는 것 같았어요. 저도 여기저기 외국을 많이 다녔지만 그때처럼 꼭 고향에 간 것 같은 기분은 처음이었어요.”

리수족의 리수라는 말은 두 가지 뜻으로 풀이된다고 한다. ‘고향으로 돌아가고 싶다’는 뜻과 ‘싸움에 졌다. 다시 돌아갈 수 없다’는 뜻이다. 이들 역시 아카족, 라후족과 마찬가지로 그들의 시원(始原)에 대해 전혀 알지 못하고 있었다. 다만 예부터 전해 내려오는 한 신화(神話)가 희미하게나마 그들의 시원을 설명해준다고 했다.

옛날 대홍수가 있었다. 모두 물에 잠기고 오로지 오누이만이 뒤웅박을 끌어안고 살아남았다. 인류의 종자를 이어가야 했으나 오누이는 인륜(人倫)이 마음에 걸렸다. 오누이는 의논 끝에 한 가지 실험을 해서 하늘의 심판을 받기로 했다. 즉 맷돌의 아래짝과 위짝을 나누어 들고 각기 산위로 올라가서 아래로 굴려 저절로 포개지면 하늘이 승낙한 것으로 알기로 했다. 과연 맷돌은 포개지고 오누이는 결합하여 오늘의 리수족의 시조가 되었다는 것이다.

이와 비슷한 신화는 우리에게도 있고 중국에도 있다. 그러나 여기 등장하는 뒤웅박은 특별히 우리의 관심을 끈다. 뒤웅박은 예부터 씨앗 통, 즉 씨오쟁이로 쓰여 왔다. 박을 가르지 않고 구멍만 뚫어 속을 파낸 다음 이듬해 심을 씨앗을 넣어 보관한 것이다. 이것은 우리에게만 있는 풍습이 아니라 라후족, 리수족, 아카족에게도 있어서 그 견본이 현재 치앙마이대학 소수민족박물관에 전시되어 있다.

리수족의 집은 아카족과 달리 출입문이 하나였다. 문을 열고 들어가자 바로 맞은편에 마루방이 있고 그 벽에 조상신(祖上神)을 모신 선반이 3개 설치되어 있었다. 선반에는 소주잔 같은 작은 잔이 여러 개 놓여 있고 물 또는 차로 보이는 노란 액체가 담겨 있었다. 명절 때나 추수 때, 또는 집안에 우환이 있을 때면 쌀, 술, 촛불, 돼지고기, 닭고기 등을 올려놓고 제사를 지낸다고 했다. 한 할머니는 안방에 작은 선반을 매달고 잔 2개를 올려놓아 두고 있었다. 보통 마루에 모시는 조상신과는 다른 것 같아 물어보니 매일 아침 물을 올리고 기도하는 곳이라고 했다. 지금도 우리 농촌에 가면 흔히 볼 수 있는, 부엌 또는 장독대의 정화수를 연상시키는 흥미로운 광경이었다.

마침 태국말이 잘 통하는 무당이 있어 리수족의 장제(葬制)에 대해 자세히 들을 수 있었다. 사람이 죽으면 먼저 옷을 다 벗긴 다음 아버지면 아들이, 어머니면 딸이 깨끗이 목욕을 시키고 새 옷을 입힌다. 옷은 평상복과 같으나 새로 지어 입히고 마지막에 흰 천으로 칭칭 감는다. 어깨와 허리, 다리, 세 군데를 단단히 묶고 입에 쌀과 돈을 넣어 준다. 쌀은 남자면 9알, 여자면 7알을 물려주고 돈은 아주 옛날 것으로 넣어주는데 이것은 저승길 가는 노자의 뜻이라고 했다. 관은 보통 티크 같은 좋은 목재로 짜고 가난한 사람의 경우 대나무로 죽관을 짜기도 한다. 관이 나갈 때는 마을 복판으로 절대 지나갈 수 없고 장지도 보통 무당이 정해준다고 했다.

마땅한 장소가 정해지면 무당이 달걀 1개와 향 2개를 피워놓고 제사를 올린다. 제사가 끝나고 달걀을 던져보아 깨지면 산신(山神)이 받아들이는 것으로 안다. 다음에는 돈을 땅에 던지는데 이것은 산신으로부터 땅과 물을 사들이는 절차라고 한다. 리수족은 원칙적으로 땅을 파고 묻는 매장제이나 결혼하지 않은 미성년자가 죽었을 때는 화장해 흔적을 없애버린다고 했다.

리수족 무당이 산신(山神)이라는 말을 했을 때 나는 귀가 번쩍 열리는 느낌이었다. 산신이라니, 우리와 같은 산신신앙이 이곳에도 있다니. 내가 산신제를 지내는 곳이 있느냐고 물었더니 무당이 그렇다고 대답했다. 보고 싶다며 벌떡 일어서자 무당이 묘한 표정으로 경계심을 나타냈다. 꼬치꼬치 캐묻고 샅샅이 살피려는 내 태도가 자기 영역을 침범하려는 것으로 오해한 것일까. 안내자가 눈치를 채고 재빨리 설명했다. "이 분은 한국에서 온 무당인데, 무당 중에서도 왕무당"이라고. 이윽고 납득이 됐는지 무당이 일어나 앞장을 섰다.

리수족 무당이 우리를 데리고 간 곳은 마을 바로 뒷산이었다. 산으로 오르는 길가에 갖가지 제단이 즐비하게 놓여 있었다.

공원의 벤치같이 생긴 제단이 군데군데 있었다. 졸졸 흐르는 개울가에도 수신(水神)을 위한 제물이 마련되어 있었다. 가장 인상적인 것은 토단(土壇)이었다. 흙을 오뚝하게 쌓아올렸는데 언뜻 보기에 꼭 우리의 남근석(男根石), 즉 당산(堂山)을 연상시켰다. 우리 당산에는 으레 볏짚으로 꼰 금줄을 둘러치게 마련이다. 그런데 리수족 토단에는 가는 실을 여러 가닥 둘렀고, 위에는 깃발을 여럿 꽂아놓았다. 명칭은 '무느뤠', 무슨 뜻이냐고 했더니 '땅'이라고 대답했다.

제물로는 쌀과 담배가 압도적으로 많았다. 쌀을 놓은 까닭은 "바치지 않으면 농사가 잘 안되기 때문"이라고 대답해, 리수족 산신신앙이 마을 동신제(洞神祭)이면서 동시에 기풍의례(祈豊儀禮)의 성격을 아울러 갖고 있음을 나타냈다.

산신신앙(山神信仰)은 우리나라의 가장 대표적인 신앙이다. 민속학자 임동권 씨는 우리 동신제(洞神祭)의 약 70%가 산신(山神)을 모시는 제의라고 적고 있다. 지역적으로도 거의 전국에 걸쳐 있고, 그 뿌리도 엄청나게 깊어 인하대의 서영대 교수는 '산신숭배의 연원(淵源)은 수렵문화(狩獵文化) 단계 또는 신석기문화(新石器文化) 단계로 거슬러 올라갈 수 있다.'고 서술한 바 있다. 이런 산신신앙이 리수족에게 있다니. 그것도 아주 전형적인 형태로. 대체 어떻게 해석해야 하는가.

| 라후족 |

활짝 웃는 처녀

애기를 업고 있는 여인

떡을 찧는 남성들

마을 축제에 나온 여성들

마을 축제를 준비하는 모습

마을 축제를 준비하는 남성

애기 낳은 집에 친 금줄

마을 축제에 돼지 잡는 모습

정초에 조상에게 올리는 일종의 제사

집안에 모신 가신

대문에 금줄

라후족의 산소

마을 한쪽에 있는 성소

별 모양을 만드는 여인. 별 모양은 벽사 능력이 있다고 믿어 도처에 붙인다.

짐을 이어 나르는 여인

풀 팔찌를 낀 소녀들

대자리를 엮는 모습

디딜방아를 찧고 있는 여인

가파른 산비탈에 촘촘히 들어선 집들

라후족 마을

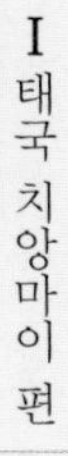

마을의 대장간

라후족의 관, 못을 쓰지 않는다

4. 라후족

라후족은 태국북부 소수민족 중에서 세 번째로 인구가 많다고 한다. 라푸니, 라후나, 라후쉘레, 라후시로 나뉘고 옷의 소매끝색으로 구분한다고 했다.

라후족의 결혼 풍습은 아카족과는 매우 대조적이었다. 라후족은 모계제도의 면모를 보였고 아카족은 완연히 부계제도의 면모를 띠고 있었다. 라후족이나 아카족이나 결혼 전에 자유연애를 하는 것은 마찬가지였다. 그러나 일부에 알려진 것 같은 극단적인 혼음풍습(混淫風習)은 아무데서도 찾아볼 수 없었다. 다만 사랑하는 사이라면 결혼 전이라 해도 성관계에 그다지 구애 받지 않는다는 것뿐 부도덕할 정도로 문란하다는 인상은 주지 않았다.

라후족은 결혼하면 3~5년간 처가살이를 해야 하는 풍습이 있었다. 이것을 라후족 말로 '마무이'라 하는데, 마무이는 우리 고구려의 모처혼(母處婚)과 흡사해 매우 흥미로웠다.

라후족 마을에는 우리 삼한(三韓)시대의 소도(蘇塗)를 연상시키는 성소(聖所)가 있었다. 옛날 마한에서 "큰 나무를 세우고 방울과 북을 매단 뒤 귀신에 제사했다"는 소도에 대해서는 학자들 간에 많은 논란이 있어 왔다. 그것이 단순한 나무인지 아니면 어떤 일정한 장소인지 하는 문제였는데, 나는 라후족의 성소 앞에 서는 순간 그 소도의 원형을 보는 것 같아 온몸에 전율이 스치는 것을 느꼈다.

3백여 평 될까, 마을 한쪽에 꽤 넓은 공터가 있고 둘레를 대나무로 뻥 돌려 쳤다. 한가운데 흙을 높여 토단(土壇)을 쌓고 외인은 절대 들어갈 수 없게 했다. 명절 때 또는 병든 사람이 있을 때 무당의 주재 하에 천제(天祭)를 올리는 곳이라고 했다.

라후족은 강당 같은 넓은 집을 성소(聖所)로 쓰고 있었다. 성소 바로 옆에는 아카족과는 형태가 다른 장승 3개와 키 큰 대나무 여러 개가 꽂혀 있었다. 키 큰 대나무 끝에는 무명이 깃발처럼 길게 바람에 나부끼고 있었다.

라후족 마을에서 본 설날의식은 그 무엇보다 인상적이었다. 산에서 굵은 대나무 4개를 잘라다 간격 50센티쯤 되게 정사각형으로 마주 세웠다. 울긋불긋한 종이를 가늘게 오려 댓가지에 주렁주렁 매단 다음 나무 중턱에 네모난 채반을 묶었다. 그 위에 돼지머리와 둥글게 빚은 인절미, 촛불을 올려놓고 온 동네 사람들이 밤새 빙빙 돌며 춤을 추었다.

중국의 고전 삼국지(三國志) 위지(魏志) 삼한전(三韓傳)를 보면 삼한지방에서는 천신제사(天神祭祀)를 지낼 때 반드시 큰 나무를 세운다는 기록이 있다. 이 기록에 따르면 우리 조상은 예부터 신에 제사하는 데 큰 나무를 즐겨 세웠음을 알 수 있다. 지금도 우리 농촌에서 해마다 정초가 되면 볏가릿대를 세워 풍년을 기원하는 고장이 있다.

인도지나반도에는 현재 약 50여 소수민족이 운집해 있다. 그들의 일부가 태국 북부로 이동하기 시작한 것은 대략 20세기 초, 중일전쟁(中日戰爭), 제2차 세계대전, 장제스군(蔣介石軍)의 패퇴 등 여러 가지 역사적인 사건이 원인이었다.

현재 이들의 처지는 흡사 장벽에 비유할 수 있다. 중국에 이어 라오스, 미얀마, 베트남 등 점차 남하하는 공산주의 세력을 막는 거대한 장벽, 미국을 비롯한 여러 나라의 이목이 이곳에 집중되어 있는 것도 바로 이 때문이다. 태국 북부를 여행하다 보면 많은 미국인과 부딪치게 된다. 관광객도 있지만 더 많은 정보원들이 활약 중이라는 것이 현지의 얘기였다.

산족(山族)의 실질적인 통치자라고 할 수 있는 쿤사는 제2차 세계대전 이후 일정 부분 미국이 키워왔다는 설이 있다. 그런 그가 현재 산족이 재배한 마약을 집중적으로 공급하고 있는 곳이 미국, 세계 생산량의 70%정도가 홍콩을 거쳐 미국으로 들어간다는 사실에서 우리는 이 시대가 안고 있는 또 하나의 아이러니를 보지 않을 수 없다.

태국은 소수민족에 대해 비교적 유화정책을 쓰고 있다고 한다. 장기간의 전쟁과 굶주림을 피해 미얀마, 라오스, 베트남 등지에서 해마다 4% 이상의 소수민족이 태국으로 유입되고 있는 것은 바로 이 까닭이라 한다.

태국 왕실은 소수민족에 대해 일종의 불교적 연민을 품은 것으로 전해지고 있다. 그러나 태국 내부의 소수민족에 대한 여론은 나날이 악화일로에 있는데 그 주원인은 나무를 자르고 불을 질러 생태계를 파괴할 뿐만 아니라 수원(水源)의 태반을 오염시키기 때문이라고 한다. 리수족의 한 노인은 전처럼 나무를 자르고 화전을 일구었다가 엄청난 벌금을 물었다고 몹시 억울해 했다. 그 노인은 선조 대대로 해온 벌목이 왜 새삼 죄가 되는지 도무지 이해할 수 없다고 말했다.

태국은 어디 가나 일본 상품으로 넘쳐나고 있었다. 자동차를 타도, 호텔에 들어가도 고급 제품에는 전부 일본 상표가 붙어 있었다. 경제에 있어 태국은 이미 일본의 완전한 속국이라는 인상을 주었다. 이런 일본, 미국 등 제국주의 국가들의 팽창주의 속에서 소수민족의 운명은 어떻게 될 것인가. 더구나 우리 민족일 가능성이 있는 라후족, 리수족, 아카족의 미래는 어떻게 될 것인가.

이들에 대한 탐구는 앞으로 계속 이어져야 할 것이다. 그런 관점에서 이 글은 문제의 제시요, 시작일 뿐 결코 단정론이 될 수는 없을 것이다. 이들에 대해서는 앞으로 문화인류학은 물론 체질인류학, 언어학 등 다방면의 연구와 탐구가 축적되어야 할 것이다. 1천 3백 년 동안 유기됐던 문제, 또 다시 망각 속에 묻어 버리기엔 그들의 존재가 이미 우리 앞에 너무 바싹 다가왔다.

그들을 아는 것은 곧 우리를 아는 것이요, 그들을 발견하는 것은 바로 우리 자신을 발견하는 것이 아닐까.

1992. 12. 8.- 태국행 / 1992. 12. 21.- 귀국
1993. 3. 27.- 중국 윈난성행 /1993. 4. 28 - 마지막 기행문

제 II 부

중국 원난성(元南省) 편

| 중국지도 |

칭하이성
青海省
시장자치구
西藏自治區
(산남)
네팔
NEPAL
쓰촨성
四川省
인도
INDIA
윈난성
云南省
미얀마
MYANMAR
라오스
LAOS

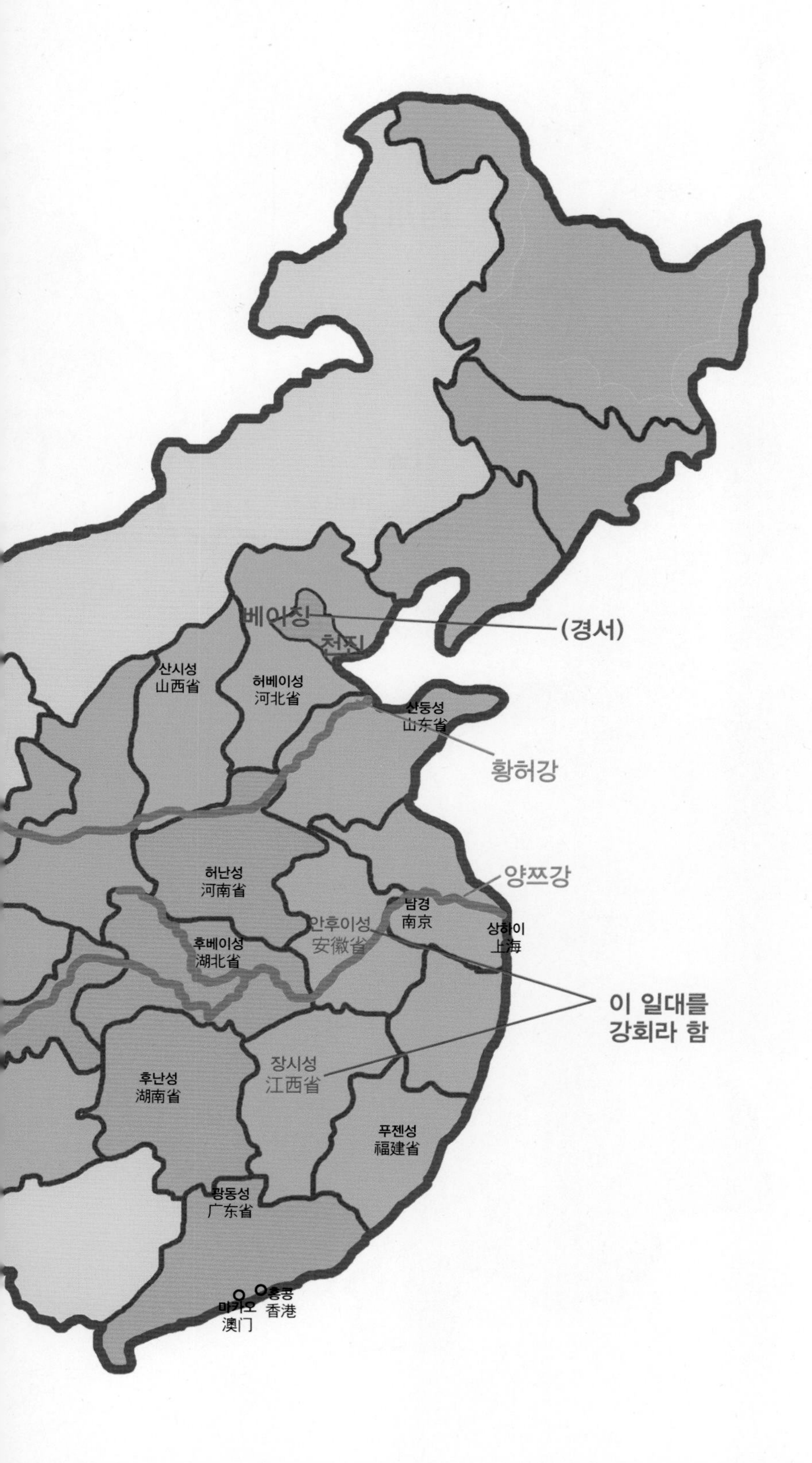
베이징
(경서)
천진
산시성
山西省
허베이성
河北省
산동성
山东省
황허강
허난성
河南省
양쯔강
남경
南京
안후이성
安徽省
상하이
上海
후베이성
湖北省
이 일대를
강회라 함
장시성
江西省
후난성
湖南省
푸젠성
福建省
광동성
广东省
마카오
澳门
홍콩
香港

쓰촨성
四川省
용닝향
뤠쉐이촌
닝랑이족자치현
宁蒗彝族自治县
리장시
丽江市
위룽나시족자치현
玉龙纳西族自治县
젠촨현
剑川县
용성현
容城县
판즈화시
攀枝花市
자오퉁시
昭通市
류쿠
라오주바촌
루수이현
泸水县
다리시
大理市
용찌엔향
용핑촌
웨이산이주후이족자치현
巍山彝族回族自治县
루펑현
禄丰县
탕쯔샨
쿤밍
昆明
추숑시
楚雄市
하이즈촌
우커슈
싼지아촌
云南石林
스린이족자치현
石林彝族自治县
탕쯔샨
위시시
玉溪市
윈난성
云南省
량허현
이창족마을
동띠젠빵완
룽촨현
梁河县
루이리시
瑞丽市
싼타이산향
빵와이촌
린창시
临沧市
카이위안시
开原市
거주시
个旧市
푸얼시
普洱市

| 답사이동경로 |

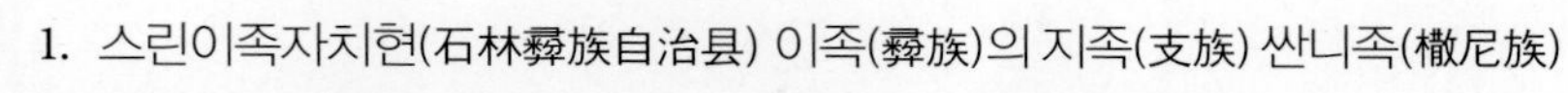

1. 스린이족자치현(石林彝族自治县) 이족(彝族)의 지족(支族) 싼니족(撒尼族)
2. 하이즈촌(海子村) 이족(彝族)의 지족(支族) 싼미족(撒媚族)
3. 다이족(傣族)의 옛 왕국 시솽반나(西双版納)
4. 멍하이현(勐海县) 반란촌의 하니족(哈尼族)
5. 멍하이현 멍하이구(勐海县勐海區)의 부랑족(布朗族)
6. 멍한진 망라오촌(勐罕鎮曼老村)의 하니족(哈尼族)
7. 멍한촌(勐罕村)의 다이족(傣族)
8. 다시 멍하이현(勐海县) 반란촌의 하니족(哈尼族) 그리고 라후족(拉祜族)
9. 시솽반나(西双版納)의 지눠족(基諾族)
10. 만농간(曼濃干)의 한다이족(旱傣族)
11. 멍저향(勐遮鄉)의 와족(佤族)
12. 멍라진 마등촌(勐腊鎮么等村)의 하니족(哈尼族)
13. 루펑현 탕쯔싼(禄丰县塘子山) 마을의 화먀오족(花苗族)
14. 다리시(大理市) 바이족(白族)의 자연염색공장
15. 용찌엔향 용핑촌(永建鄉永平村)의 후이족(回族)
16. 리장(丽江)의 나시족(納西族)
17. 용닝향 뤄쉐이촌(永宁鄉落水村)의 모계사회(母系社會) 모수족(摩梭族)
18. 라오주바촌(老株巴村)의 리수족(傈僳族)
19. 량허현(梁河县)의 아창족(阿昌族)
20. 룽촨현 롱띠 빵완(隴川县隴地鎮邦湾)의 징포족(景頗族)
21. 싼타이산향 빵와이촌(三台山鄉帮外村)의 더앙족(德昂族)

| 상하이 거쳐 쿤밍으로 |

중국 상하이공항

아침체조를 하는 시민들

윈난성 쿤밍공항

길가에 앉아 있는 상인

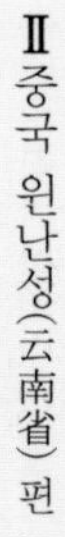

1. 상하이(上海) 거쳐 쿤밍(昆明)으로

아침 일찍 일어나 상하이(上海)공항 옆 시웬반점(西園飯店) 주변을 돌았다. 아침 7시 반경인데 벌써 길을 청소하는 사람, 잔반(殘飯)을 실어 나르는 사람, 도로공사를 하는 인부들로 거리가 활기에 넘쳤다.

얼마 떨어지지 않은 공원에서 노인들이 아침 체조를 하고 있었다. 40대로 보이는 여자가 라디오에 맞춰 동작을 해보이고 노인들은 거기에 맞춰 움직이고 있었다. 모두 여남은 명 될까, 옷차림은 수수하고 어찌 보면 초라해 보이기까지 했지만 동작에는 여유와 자신과 건강이 넘치고 있었다.

어제 상하이공항에 내리면서부터 내가 줄곧 느낀 것은 이들의 여유와 자신감이었다. 지금은 비록 가난하지만 수천 년 동안 세계적인 대국이었던 국민의 프라이드를 이들은 아직 잃지 않고 있는 것 같았다.

나와 이영희 씨는 아침식사를 간단히 마치고 바로 공항으로 나갔다. 이영희 씨는 짚풀생활사박물관 학예연구사로서 비디오 촬영을 하기 위해 동행하게 되었다.

윈난성의 성도(省都) 쿤밍(昆明) 행 비행기는 10시 40분 출발이라고 해서 9시 30분쯤에 도착하면 문제없으려니 했는데 막상 나가보니 그게 아니었다. 시골 기차역 같은 국내선 공항 대합실은 벌써 사람으로 발 들여놓을 틈 없이 북적거렸다. 티켓팅 하려고 서 있는데 바로 뒤의 젊은 남자가 일본말로 말을 걸어왔다. 일본 사람인 줄 안 모양이었다. 우리는 어제부터 줄곧 일본 사람으로 오해를 받아왔다. 그만큼 일본 사람들이 중국에 많이 다닌다는 증거인데, 나중에 안 사실로는 쿤밍에만 일본인이 일 년에 약 2~3만 명 다녀간다는 것이었다.

남자는 이름이 환광룽이라고 하는 시청 직원이었다. 일본말에 능통한 것은 대학 때 일본어를 했기 때문이고 다른 직원들과 일주일 간 일본 연수를 다녀오는 길이라고 했다. 나는 어쨌든 반가웠다. 쿤밍에는 일어를 가르치는 곳이 여러 군데라고 했다. 한국어는 어떠냐고 했더니, 한 군데도 없다는 대답이었고, 그 까닭은 한국 사람이 쿤밍에 전혀 오지 않기 때문이라고 했다.

비행기에서는 환 씨가 바로 내 뒷자리에 앉게 되어 어깨 너머로 몇 마디 대화를 나누었다. 환 씨가 윈난성에는 왜 가느냐고 해서 "소수민족 조사를 간다"고 하자 눈을 크게 뜨고 놀라는 표정을 지었다. 그리고 만일 어려운 일이 생기면 연락하라고 명함을 꺼내 건네주었다. 정말 친절하고 고마운 사람이라고 생각되었다.

비행기에서 내려다본 윈난성의 첫인상은 땅이 유난히 붉다는 것이었다. 이곳이 인류의 가장 소중한 식량인 벼의 발상지라고 하니 볏짚문화를 연구하는 사람으로서 새삼 감회가 새로웠다. 총 면적 39만km2, 총 인구 4,500만 명, 그 중 소수민족 1,300만 명, 총 25부족, 중국 전체에서 가장 많이 모여 있는 곳이다. 윈난성의 성도(省都)는 쿤밍, 이것이 내가 알고 있는 기초 지식의 전부이다.

비행기가 멎고 밖으로 나오는 순간 우리는 똑같이 탄성을 질렀다. 해발 1,984m의 고지여서 그런지 쿤밍의 하늘은 상하이, 아니 서울에서 줄곧 보아온 햇빛과는 전혀 달랐다. 하늘에 좀 더 가까워진 빛이라고나 할까. 이때 하늘이란 단순히 천체적(天體的)인 의미만을 갖는 것은 아니다. 아무튼 햇빛과 공기와 모든 것은 눈이 부시게 투명하고 맑다는 느낌이었다.

쿤밍 시내 차웬반점에서 짐을 풀었다. 하루에 50달러. 결코 싸지 않았다. 짐을 풀자

마자 곧장 환 씨가 적어준 서점으로 갔다. 소수민족에 관한 책이 꽤 여러 권 눈에 띄었다. 몇 권 골랐으나 달러는 받지 않는다고 해서 할 수 없이 그냥 돌아왔다.

돌아오는 길에 비디오와 카메라 촬영을 조금 했다. 사람들이 신기한 듯 우리를 구경했다. 우리는 그들을 구경하고, 그들은 우리를 구경하고. 그러나 태국(泰國)에 갔을 때처럼 친절하고 따뜻한 인정은 느낄 수 없었다. 바라보는 눈에 적의라고까지는 할 수 없으나 차가움과 날카로움이 있어 별로 유쾌하지 않았다.

아주 드물게 소수민족이 눈에 띄었다. 한 여자는 껍데기를 홀랑 벗겨 말린 긴 뱀을 들고 서 있었다. 짙은 감색 옷에 새빨간 허리띠를 두른 남자는 짐승의 뿔로 보이는 것을 팔고 있었다. 그들이 소수민족이라는 것은 그들의 복장으로 알 수 있었다. 중국 인구의 94%를 차지하는 한족(漢族)은 양복 차림이거나 거무튀튀한 단색 전통복장을 하고 있기 때문이다.

중국에는 옌볜조선족자치주(延邊朝鮮族自治州)의 조선족까지 합쳐서 모두 55개 소수민족(少數民族)이 살고 있다. 이 55개 소수민족의 인구가 중국 전체 인구의 6%밖에 되지 않기 때문에 이들을 소수민족이라고 하는 것이다. 소수민족은 또 산지민족(山地民族)이라고도 한다. 그들의 주거지가 주로 평지보다는 산속이기 때문에 붙여진 명칭이다.

2. 대장정의 마스터플랜을 세우고

아침 8시 호텔 구내 뷔페식당에서 빵, 죽, 샐러드, 베이컨 따위로 식사를 했다. 이영희 씨와 나 두 사람의 식사대가 30위안, 우리 돈으로 약 4,600원쯤 되었다. 이영희 씨는 환경이 바뀌어서인지 식사를 제대로 하지 못했다. 나약한 몸에 무거운 비디오카메라를 들고 한 달이 넘는 여행을 어떻게 감당해 낼지 걱정이 되었다.

식사를 끝내고 나오면서 카운터에 식사대를 지불했다. 무심코 30위안을 내고 돌아서면서 생각하니 잘못 지불했다는 생각이 들었다. 식사대 30위안은 중국 화폐로 내야 하는 가격인데 외국인 화폐를 지불한 것이다.

중국에는 중국 국민이 사용하는 화폐와 외국인이 사용하는 화폐 두 가지가 있다. 중국 국민이 사용하는 화폐는 인민폐라고 하고 외국인이 사용하는 화폐는 그냥 폐라고 하는데 외국인은 공식적으로는 인민폐를 사용할 수 없게 되어 있다.

외국인이 달러를 가지고 입국하면 은행에서 폐로 바꿔준다. 외국인은 이 돈만을 써야 하는데 문제는 폐의 가치이다. 가령 인민폐 10위안으로 살 수 있는 물건을 폐 10위안을 내고 사면 인민폐 3~4위안 정도는 더 내고 사는 꼴이 된다. 방금 지불한 30위안도 폐로 지불했기 때문에 인민폐 10위안 정도는 더 낸 꼴이 된다. 사정이 이렇다 보니 호텔만 나서면 중국 여자들이 몰려와 '쉐지 머니, 쉐지 머니'하고 쫓아온다. '쉐인지 머니'라는 얘기인데 나도 앞으로 이 인민폐로 바꿔 요령껏 써야겠다는 생각을 했다.

서울에서 적어 온 전화번호로 국제여행사에 연락했으나 계속 통화 중이었다. 마침 호텔 로비에 일본말을 잘 하는 다른 여행사 직원이 도와주어 통화는 했으나 내가 찾는 이다가라는 사람은 다른 곳으로 전근가고 없다는 대답이었다. 난감해 하는 내게 여행사 직원이 자기가 저녁때까지 우리 여행에 필요한 모든 것을 알아봐 주겠노라고 약속했다.

방으로 돌아와 카메라와 소지품을 챙겨 10시경 윈난성박물관(云南省博物館)으로 출발했다. 택시비 15위안, 다른 것에 비해 많이 비싸다는 느낌이었다. 택시는 내국인보다는 외국인을 위한 것이니까 비싸도 좋다는 생각인가. 내국인은 자전거를 타면 되니까.

박물관은 후진국이 흔히 그렇듯 엉망이었다. 시설도 그렇고 전시물도 그랬다. 제일 한직인 듯 별 볼일 없는 나이 든 여자들이 엎드려 졸거나 라디오 청취기를 귀에 꽂고 앉아 시간을 죽이고 있었다.

나는 1층을 빙 돌며 사진을 대충 찍었다. 주로 소수민족의 공예품들이 진열되어 있었다. 2층과 3층에도 전시되어 있는 모양이었으나 오후 3시가 넘자 피곤해서 더는 관람할 수가 없었다. 매점에서 책 3권을 샀는데 책값이 한국에 비해 무척 쌌다. 싸고 비싸고를 떠나서 한국에서는 돈 주고도 구할 수 없는 것들이어서 짐이 좀 걱정되긴 했으나 눈을 딱 감고 구입했다.

오후 5시 30분경, 아침에 만난 여행사 직원이 이름이 진 씨라고 하는 다른 여행사 직원을 데리고 호텔로 우리를 찾아왔다. 진 씨는 등소평의 아들이 운영하는 여행사 직원이라고 했다. 가져온 신분증을 보고 신원을 믿을 수 있을 것 같아 여행 목적을 말하고 대충 계획을 세워보았다.

진 씨는 쿤밍에서 가까운 스린(石林)부터 먼저 1박 2일 코스로 다녀오기를 권했다. 안내인은 옌볜조선족자치주(延邊朝鮮族自治州) 출신 주순자 씨인데 경험이 많아 잘

할 것이라고 말했다. 내가 우리는 단순히 관광을 목적으로 온 것이 아니라고 하자, 진 씨는 곧 알아듣고 스린 주변에는 소수민족이 많이 살고 있어 결코 실망하지 않을 것이라고 힘주어 말했다.

스린에서 돌아오면 시쐉반나(西双版納)에 다녀와야 한다고 했다. 그 곳을 보지 않고는 소수민족 조사를 했다고 할 수 없다는 것이다. 국내선을 타고 가야 하는데 시쐉반나 안내는 그 쪽 여행사 지국에서 맡게 될 것이라고 했다. 안내자가 다이족(傣族)이니까 주순자 씨가 따라가 동행해야 한다고 했다. 다시 말해 시쐉반나 다이족의 말을 다이족 안내자가 듣고 주순자 씨에게 중국말로 옮기면 주순자 씨가 그것을 다시 우리말로 옮기는 방법으로 해야 한다는 것이었다.

시쐉반나에서 돌아와서는 윈난성 서북 지방을 훑어야 하는데 이 여행은 힘이 들 뿐만 아니라 시간도 많이 걸린다고 했다. 그리고 무엇보다 패키지가 안 되는 것이 문제라고 했다. 위의 두 지역은 패키지로 다니니까 간단한데 이쪽은 지프 한 대를 전세 내어 다닐 수밖에 없다는 것이다. 전세라, 나는 갑자기 부담감이 느껴졌으나 달리 방법이 없었다. 한국에서도 오지의 필드워크는 자가용이 아니면 불가능했다. 일단 진 씨의 말대로 하는 것으로 하고 비용은 시쐉반나에서 돌아온 다음에 의논하기로 했다.

쿤밍시의 야경은 네온사인을 거의 볼 수가 없었다. 백열등이 군데군데 둔탁하게 비치고 있을 뿐이었다. 호텔 바로 앞에는 7층 아파트 건물이 여러 채 있었다. 엘리베이터 시설이 되어 있을 것 같지 않은데 7층을 어떻게 오르내리나 의문이 갔으나 왠지 중국인들이라면 거뜬히 해낼 것 같았다.

자본주의사회는 어디 가나 야경이 마치 보석을 깔아놓은 듯 현란하다. 빨갛고 파랗고 노란 빛으로 눈이 부실 지경이다. 그러나 이 곳 사회주의사회는 어둡고 둔탁하기가 마치 촌 여인과 같다. 야경만이 아니라 생활 전체, 생각 자체도 필요 없는 것은 전혀 빛을 발산하지 않을 것 같다. 필요 이상의 발광은 인간을 얼마나 미혹시키고 피로하게 하는가. 어두움은 차라리 얼마나 편안하고 푸근한가. 그러나 중국도 지금은 그 어두움에서 벗어나려고 곳곳에서 몸부림치고 있는 것이 느껴졌다.

윈난성소수민족학원

윈난성소수민족학원 정문

윈난성소수민족박물관

3. 윈난성(云南省) 소수민족학원과 소수민족박물관

호텔을 좀 싼 곳으로 옮겼다. 이름은 란화(蘭花)호텔, 차웬반점이 50달러인데 이곳은 25달러, 꼭 절반 가격이나 시설에는 큰 차이가 없었다.

12시경 비행기에서 만난 환 씨가 호텔로 찾아왔다. 나는 내 책『짚문화』한 권을 선물하고 점심식사를 같이 했다. 식사하면서 중국과 소수민족을 이해하는 데 도움이 되는 많은 대화를 나누었다. 그는 공무원답게 치밀하면서도 자상하게 설명해 주었다. 우리의 언어는 주로 일본어였다. 그러다가 가끔 잘 통하지 않을 때는 종이 위에 한자로 써서 뜻을 교환했다.

골든트라이앵글(Golden Triangle)을 이곳에서는 찐산짜우(金三角)라 한다고 했다. 그도 아편에 대해서는 많은 것을 알고 있었다. 문화대혁명(1965~1968) 전에 중국은 그야말로 아편중독자의 왕국이었다. 그러나 혁명 후에는 한 사람도 피지 않게 되었다고 한다.

윈난성에는 아편을 재배하는 곳이 한 군데도 없고 찐산짜우에서 대량 재배되고 있다고 한다. 골든트라이앵글에는 현재 모택동 군대에 밀려 간 중국인들이 살고 있는데 중국인으로서는 오로지 그들만이 아편을 재배하고 있다고 한다.

중국에서는 아편을 50g 이상만 소지해도 사형시킬 만큼 법이 엄격하다고 한다. 그러나 알게 모르게 라오스, 태국, 미얀마 등지에서 흘러들어오는데 대부분은 이곳 쿤밍을 통해 홍콩으로 간다고 한다. 혁명을 거치며 기존의 중독자는 모두 사라졌으나 최근에는 외부의 영향으로 새로 발생하고 있다는 것이다.

소수민족에 대한 중국 정부의 정책은 어느 일면 감동적이기까지 했다. 중국은 현재 여러 가지 소수민족 우대정책을 쓰고 있었다. 우선 대학입시제도인데, 통일시험(우리의 학력고사)에서 한족은 400점 이상이어야 하는데 소수민족은 350점 이상이면 들어갈 수 있다고 한다.

그런가 하면 가족계획에 있어서도 한족(漢族)은 엄격히 한 가정에 한 자녀여야 하지만 소수민족은 둘 또는 셋까지도 허용된다고 한다. 이는 민족 간의 균형을 유지하기 위한 정책으로 한족에 비해 전체 인구의 6%에 불과한 소수민족의 경우 산아제한을 동일하게 하면 차츰 감소 내지 소멸될 우려가 있기 때문이라고 한다.

원주민의 주거 영역을 제한하고 알콜을 무제한 공급하여 차츰 멸종되도록 유도하고 있는 미국이나 캐나다의 인디언 정책에 비하면 얼마나 인도주의적인가, 러시아까지 포함해서 선진대국들이 소수민족 분쟁 문제로 끊임없이 골머리를 썩이고 있는 것은 모두 중국 같은 공생(共生)의 철학을 실천하지 않고 있기 때문이라고 환 씨는 힘주어 주장했다.

중국의 인구는 현재 해마다 감소하는 추세라고 한다. 이대로 가면 2010년 경에는 증가와 감소가 일치하여 인구 정책이 성공할 것이라고 한다. 중국 정부는 이 목표를 달성하기 위해 있는 힘을 다하고 있고, 법을 어길 경우 벌이 매우 무거워 일반인들에게는 벌금, 공무원들에게는 면직 내지는 제명 처분을 한다고 했다.

중국의 소수민족 정책은 윈난민족학원(云南民族學院)에 갔을 때 더욱 놀랍게 느껴졌다. 이번 여행을 떠나며 나는 진작 일본의 민족학자 시라도리 요시로우(白鳥芳郎) 씨의 글을 읽고 민족학원에 반드시 들려보리라 결심했었다. 마침 환 씨가 그 곳에 근무한 적이 있다고 소개서를 써주어 쉽게 안내를 받을 수 있었다.

학원은 규모가 별로 커 보이지 않았다. 작고 야트막한 건물들이 오밀조밀 붙어 있었으나 학교답게 젊은 활기가 넘치고 있었다. 학생은 모두 4,800명, 교수는 100여 명이라고 했다. 학생은 32종(種) 민족으로 구성되어 있고, 교수는 30%가 소수민족 출신, 70%가 한족(漢族) 출신이라고 했다.

학생은 95%가 소수민족이고, 5%가 한족, 약간의 유학생들이 있었다. 한족 5%를 뽑는 것은 중국 정부 정책 중의 하나라고 한다. 이유는 소수민족을 연구하는 한족 엘리트를 키우기 위한 것인데, 민족 간에 서로를 알고 이해하는 것이 공존, 공생에 매우 중요한 바탕이라고 생각하기 때문이라고 우리를 안내한 조교는 힘주어 설명했다.

짧은 시간 머물렀는데도 일본인 유학생을 두 명이나 만났다. 그 중 한 명은 일본에서 대학을 마치고 대학원 과정으로 왔다고 했다. 이곳은 원칙적으로 4년제이나 외국인의 경우에는 언어과정이 있기 때문에 보통 5년은 걸린다고 한다. 이런 자리에서 만일 한국 학생을 만났다면 얼마나 반가웠을까 생각하니 씁쓸한 감회가 새로웠다.

민족학원에서는 32개 소수민족 언어 중 7개 언어만을 가르치고 있었다. 학비는 전원 무료, 오히려 한 달에 학생당 55위안씩 생활비를 지원해준다니 역시 사회주의 사회의 장점은 이런 곳에서 드러나는 것이 아닌가 생각되었다.

민족학원 4층에는 소수민족박물관이 있었다. 관장은 책에서도 몇 번 접한 일이 있는 마위쉥 씨였다. 올해 나이 50세라고 하는 마 관장은 권위와 열정이 한 눈에 보이는 아주 멋진 사람이었다. 마 관장은 소수민족 연구에 30년간 종사했고, 현재 박물관에 소장되어 있는 유물도 거의 그가 수집한 것이라고 했다.

박물관에는 참으로 귀중한 유물들이 가득 차 있었다. 좁은 공간에 엉성한 시설이었으나 마 관장의 애정과 정성으로 각 민족의 유물들이 빈틈없이 들어차 있었다. 그 중에는 세계 유일의 것들도 상당수 있다고 마 관장은 자부심에 넘치는 표정으로 말했다.

짧은 시간이었으나 아주 귀중한 정보들을 꽤 많이 얻어낼 수 있었다. 가령 어느 민족이 문자를 가졌는지, 역사기록이 있는지, 태국에서 아카족이라고 하는 민족과 중국의 볏짚은 동일한 민족이라는 것, 이 하니족과 일본 민족과는 체질인류학적으로 닮은 점이 많다는 것이 입증되었다는 것 등이었다.

지금까지 나는 태국의 아카족은 중국의 아창족(阿昌族)과 동족인 것으로 알고 있었다. 그러나 마 관장의 말로는 아카족과 아창족은 전혀 다른 민족이고, 오히려 하니족과 동족이라고 했다. 그러니까 같은 민족인데 중국에서는 하니족이라고 하고 국경을 넘어 태국에 정착한 하니족은 아카족이라고 한다는 것이다. 민족이 이동하여 새 터전을 잡으면 명칭을 바꾸는 경우가 있는데 이것도 그와 같은 경우라는 것이다.

마 관장은 한국에서 전시회를 한 번 갖고 싶다는 말을 몇 번 되풀이했다. 시간이 짧아 깊은 얘기를 나누지는 못했으나 출국 전에 반드시 다시 한 번 찾아 진지한 이야기를 나누기로 하고 여행사와의 약속시간에 쫓겨 총총히 헤어졌다. 조건이 허락된다면 우리 박물관에서라도 꼭 한번 해보고 싶은 전시회임에 틀림이 없었다. 헤어질 때 앞으로 소수민족에 대한 연구를 상호 교환하고 싶다는 마 관장의 말은 나의 가슴을 깊이 울렸다.

| 스린이족자치현 이족의 지족 싼니족 |

1천 년 전에 생겼다고 전해지는 우커슈 마을

스린이족자치현의 석회암 돌기둥

윈난성 의량현 개거리의 오리고기 노점상

이족마을 입구 양편에 즐비한 민속공예품 상점

싼지아촌의 싼니족 마을

공예품에 수를 놓고 있는 여인

싼니족 여인

도리깨를 들고 있는 싼니족 남자. 도리깨가 우리 것과 똑같다.

아름다운 싼니족 처녀들

4. 스린이족자치현(石林彝族自治县) 이족(彝族)의 지족(支族) 싼니족(㒇尼族)

9시 30분, 국제여행사가 주선하여 스린(石林)으로 떠났다. 스린에서 하룻밤 자며 관광과 더불어 그 부근 이족(彝族)마을을 조사하기로 했다. 쿤밍에서 스린까지는 90km, 관광지로 널리 알려진 곳이다. 안내를 맡은 주순자 씨는 고등교육을 받고 여행사에서 일하다가 이곳까지 오게 된 조선족 여성이었다. 미모에다가 성격이 서글서글하여 일행을 모두 즐겁게 했다.

도중에 남북으로 달리는 철도 하나가 차창 밖으로 보였다. 철로의 간격이 아주 좁은 그 철도는 프랑스가 베트남을 지배하고 있을 때 윈난의 지하자원인 은(銀), 동(銅), 주석(朱錫)을 캐가려고 놓은 것이라고 한다. 당시 그 공사는 무척 힘이 들어서 동원된 베트남인과 중국인 노동자 약 11,000명이 목숨을 잃었다고 한다. 윈난에서 출발하는 이 철도는 베트남 하노이까지 850km, 지금도 1주일에 한두 번 기차가 다닌다고 한다.

윈난은 금속왕국, 동물왕국, 식물왕국이라는 별명이 붙어 있다. 그만큼 지하자원, 동물, 식물의 종류가 풍부하다는 것인데 그래서 그런지 한국에서도 해마다 많은 학자들이 동식물, 광물 조사를 하려고 팀을 짜서 온다고 한다. 그러나 소수민족 조사만은 내가 한국인으로는 아마 처음일 것이라고 주순자 씨가 말했다.

일본인들의 소수민족에 대한 관심은 내가 알고 있는 것보다 훨씬 높은 것 같았다. 일반 관광객은 물론 학자들도 수없이 다녀가는 것은 그들이 특히 소수민족 중 바이족(白族)과 나시족(納西族)에서 민족적 친근성(親近性)을 느끼기 때문이라고 한다. 요꼬야마 히로꼬라는 여자는 다리시(大理市) 바이족(白族) 마을에서 1년간 머물며 연구한 일도 있다고 한다.

창밖으로 한족 남자 한 명이 흑염소 떼를 몰고 산으로 올라가는 것이 보였다. 내가 "어머 흑염소가 있네"하자 주순자씨가 흑염소를 어떻게 아느냐고 깜짝 놀랐다. 우리나라에도 많다고 했더니 "그래요? 윈난의 흑염소는 중국에선 아주 특이한 건데요. 딴 데선 거의 찾아볼 수 없거든요"했다.

가는 길에 오리를 구워 파는 곳이 있었다. 이른바 '이량현(宜良县) 오리고기'라고 하는 것인데 요리법이 독특해서 유명하다고 한다.

우리는 사진도 찍고 시식도 해볼 겸 차를 세우고 내렸다. 오리고기는 흡사 우리네 돼지족발과 비슷했다. 껍질이 누렇게 익은 고기를 생파에 고추장 비슷한 것을 찍어 함께 먹으니까 의외로 맛이 괜찮았다. 오리는 구멍이 위로 뚫린 둥근 아궁이 같은 것에 통째로 넣어 구워냈다. 길가에 한 줄로 이어진 식당 앞에도 생 오리, 익은 오리가 주렁주렁 걸려 바람에 흔들리고 있었다.

차가 스린(石林)에 가까워지자 길 양편으로 우뚝우뚝 검은 돌기둥들이 나타나기 시작했다. 돌기둥은 모두 석회암이었다. 2억 7천만 년 전까지만 해도 바다 속에 있었는데 점차 융기하여 풍화작용에 의해 오늘과 같은 장관을 이루었다고 한다. 스린은 루나현(路南县)에 소속되어 있다. 그래서 이곳 이족(彝族)이 거주하는 지역을 루나이족자치현((路南彝族自治县)이라고 했는데 현재는 스린이족자치현(石林彝族自治县)으로 지명이 바뀌었다.

이족(彝族) 마을로 들어가는 길 양편에 수예품 등 갖가지 민속공예품을 파는 노점들이 길게 늘어서 있었다. 1976년부터 관광객이 부쩍 몰려들어 이제는 쿤밍에서 거의 빼놓을 수 없는 코스가 됐다고 한다. 군인 한 명이 사복한 남자와 함께 노점마다 다니며 돈을 걷고 있었다. 자릿세를 걷는 것이라고 한다. 금액은 10일에 7위안, 우리 돈으로 1,000원 정도에 해당하나 이들에게는 결코 적은 돈이 아니라고 한다.

마을 이름은 우커슈(五棵樹)였다. 아주 옛날 나무 다섯 그루가 있었기 때문에 붙은 이름이라고 한다. 그러나 정작 이족들 자신은 달리 '로체'라 부르고 있었다. 규모는 대략 100호 가량이고 마을이 생긴 것은 1천년이 넘는 역사 깊은 곳이라고 했다.

집들은 거의가 흙벽돌 2층 건물이었다. 헛간처럼 쓰는 아래층 구석에서 계단을 통해 2층 살림집으로 올라가게 되어 있었다. 지붕은 기와집이 대부분이고 간혹 초가도 있었다. 초가의 지붕 재료는 우리나라에서 솔풀이라고 하는 것이었다. 솔풀로 우리는 베솔, 솥솔 등 솔은 만들었지만 지붕은 덮지 않아서 신기한 느낌이 들었다.

집 한편에 마당이 있고 마당 한쪽에 헛간이 있었다. 소를 매어 놓은 듯 헛간에서 연방 콧김 소리가 들렸다. 집안은 본채에 붙은 작은 대문을 열고 들어가게 되어 있었다. 대문 중방에는 정대광명(正大光明)이라고 쓴 종이가 붙어 있고 양쪽 대문에는 신장(神將)을 그린 붉은 종이들이 붙어 있었다.

아래층 바닥은 맨 흙바닥이었다. 휘장을 치고 침대를 놓은 한쪽 구석을 제외하고는 곡식이며 독 따위 세간이 빼곡히 들어차 있었다. 땅바닥에는 빙 둘러앉을 수 있도록 짚방석이 여러 개 놓여 있었다. 짚방석의 생김새나 만든 방식은 우리의 깔방석과 별반 다르지 않았으나 2~3개를 포개서 높인 것이 조금 달랐다.

우리가 들어가자 주인 남자가 이층에서 내려왔다. 불쑥 들어와서 미안하다고 하고 찾아온 목적을 말하자 주인은 불쾌한 기색 없이 쾌히 짚방석을 권했다. 짚방석은 일종의 응접세트 대용인 것 같았다. 짚방석을 이족말로는 '쓔빠떠', 볏짚은 '쓰뻐', 짚으로 만든 독 뚜껑은 '쥬므쥬더'라고 했다. 애기 낳을 때 삼신짚은 깔지 않고, 출산 후에는 한 달간 누구의 것이든 모자를 걸어 잡인을 금한다고 했다. 향은 '샹', 어머니는 '이마', 아버지는 '이바'라고 했다.

통역을 하던 주순자 씨가 갑자기 난처한 얼굴로 나를 쳐다보았다. 이족이 사투리를 너무 심하게 써서 알아들을 수가 없다는 것이었다. 가이드가 밖으로 나가 운전기사를 데려왔다. 운전기사는 이족의 말을 잘 알아들었다. 듣고 가이드에게 중국어로 말하면 가이드가 다시 한국어로 바꿔 나에게 들려주는 방식으로 인터뷰가 진행되었다.

짚 깔개가 있었다. 돗틀에 엮은 듯 거적처럼 꽤 여물게 만든 것이었다. 거적은 '효티'라 했고. 우비는 '지배'라 했다. 우비는 우리네 제주도에서 남총낭 털이라고 하는 것으로 만든 아주 특이한 것이었다. 제주도에서는 남총낭으로 밧줄을 주로 꼬아 썼다. 자료가 될 것 같아 살 수 있냐고 했더니 50위안만 내고 가져가라고 했다.

이족에게는 고유문자가 있다고 한다. 그러나 젊은 사람들은 대부분 한자(漢字)를 쓰고 있어 차츰 소멸되어 가고 있는 중이라고 한다. 집 한쪽 벽에 자새가 걸려 있었다. 자새는 우리 것과 똑같았고 쓰는 방식도 같았다. 도리깨도 같았고 고무래도, 갈퀴도 똑같았다.

조사를 마치고 나오면서 보니까 마을에서 공동으로 사용하는 곳인 듯 시멘트를 바른 넓은 마당에서 이족 여자들이 잠두(蠶豆)인지 완두인지 확실하지 않은 콩과 옥수수 따위를 떨고 있었다. 한쪽에서는 젊은 청년이 탈곡기를 돌려 밀을 떨고 있었는데, 탈곡기는 우리가 예전에 사용한 것과 똑같은 모양이었다.

저녁에 마차를 빌려 타고 스린 일대를 한 바퀴 돌았다. 문자 그대로 돌의 숲이었다. 높이가 20~30m 되는 기암괴석이 빽빽이 서있어 마침 서린 저녁 안개 속에 속세가 아니듯 환상적인 분위기를 자아냈다. 돌 이름에는 망부석이라는 것도 있고 고승의 이름을 붙인 것, 새, 짐승, 심지어 마르코폴로상이라고 하는 것까지 있었다. 우리 금강산의 일 만 이천봉과는 또 다른 이곳의 풍광(風光)은 가히 지구에 몇 안 되는 신비 중의 하나일 것으로 생각되었다.

스린 관광을 마치고 돌아와 호텔 공연장에서 전통무용을 관람했다. 젊은 이족(彝族) 남녀 15명이 전통의상을 입고 나와 몇 가지 레퍼터리를 공연했다. 춤도 노래도 낯선 것이긴 했지만 어떤 이야기인지 스토리는 대략 짐작할 수 있는 단순하고도 유희적인 것이었다.

다음날 아침 일찍 우리는 다시 마을로 들어갔다. 어제 만나지 못한 촌장을 찾기 위해서였다. 아침 안개 속에서 이족 여인들이 하나 둘 보따리를 짊어지고 장터로 나오고 있었다.

마을 어귀 상점 앞에서 한 남자가 양을 도살하고 있었다. 칼로 어디를 찔렀는지 피가 낭자하게 흐르고 구욱구욱 단말마의 비명을 내지르는 양의 입에 남자는 연방 펌프질을 하고 있었다. 양의 배는 마치 풍선처럼 부풀고 공기에 밀린 변이 항문에서 방울방울 떨어졌다. 내가 신기한 그 광경을 놓칠 수 없어 카메라를 꺼내들자 주인이 살기어린 어조로 저리 가라고 고함을 질렀다.

촌장은 집에 있었다. 60세쯤 돼 보이는 점잖고 사려 깊은 인상이었다. 촌장에게서 우리는 어제 미처 듣지 못한 이야기들을 자세히 보충할 수 있었다.

마을은 모두 186호, 인구는 745명, 농업이 주이고 그 밖에 스린(石林)이 관광지인데 따른 여러 가지 일들이 부업이라고 했다. 관광지의 일이라면 수예품을 만들어 판다든가 마차를 몬다든가 가이드 등의 일들을 말하는 것이었다.

이 마을의 주민은 이족(彝族)이긴 하나 정확히 말하면 그 지족(支族)인 싼니족(撒尼

族)이라고 해야 옳다고 했다. 벽에는 붉은 바탕에 검은 한족 글씨를 쓴 종이가 어지럽게 붙어 있었다. 나는 먼저 이들의 문자에 대해 물었다. 싼니족에게도 예부터 고유문자가 있었다고 한다. 나는 그 문자를 어떻게든 한번 꼭 보고 싶었다. 촌장 자신은 이미 자기네 문자를 읽지도 쓰지도 못하지만 마을에는 알고 있는 노인이 서 너 명 있다고 했다. 나는 그들을 만나게 해주든지 아니면 이족 문자로 쓴 책이라도 좀 보게 해달라고 간청했다. 그는 되도록 노력하겠다고 쾌히 약속했다.

내가 혹시 마을에 역사책은 없느냐고 했더니 그는 엉뚱하게도 집 지을 때면 돌비석을 새겨 땅 속에 묻는다고 대답했다. 통역이 잘못 되었는가 해서 다시 역사책에 대해 물었더니 그런 것은 없다고 고개를 저었다. 본래는 있었으나 몇 백 년 전에 한족과 싸울 때 모두 불타 없어졌다고 한다. 돌비석에 새기는 글이란 언제 어디서 이곳으로 이주했는지 그 내력을 적는 것이라고 했다.

문지방 위에는 의례히 팔괘(八卦)를 그린 붉은 종이가 붙어 있었다. 그것은 집을 지으면 바로 붙이는 것이라고 했는데 일종의 부적 같은 것으로 보였다. 집을 짓고 나면 일주일간 외인의 출입을 일절 금하고 누구에게도 집안의 물건을 빌려주지 않는 풍속이 있다고 한다. 방 한 쪽 벽에는 또 그 밖에 작은 신물(神物) 2개가 붙어 있었다. 아래위로 나란히 붙인 그것은 조부모의 혼령을 모신 것이라는데 조부를 조모보다 위에 모신 것을 보면 이족사회도 남존여비인 모양이었다.

조상신을 모신 제단이 너무 빈약해서 내가 옛날에도 저랬느냐고 묻자 촌장은 문화대혁명 전에는 규모가 훨씬 컸다고 대답했다. 문화대혁명 때 미신타파 정책으로 깡그리 없앴다가 그래도 서운해서 간소하게 되살린 것이라고 했다. 조상신의 이름은 '너쓰', 해마다 12월 말에서 1월 3일까지 매일 많은 음식을 차려놓고 제사를 올린다고 했다. 문화대혁명(文化大革命)은 모택동 주석의 주도하에 1965년 가을부터 10년에 걸쳐 전 중국 사회를 뒤흔들었던 정치적, 사회적 동란이다.

청춘남녀의 연애는 매우 자유로웠다. 여자가 여러 남자와 성관계를 가져도 크게 흉이 아닌 것으로 되어 있었다. 종족 간의 금기가 없고 심지어 요즘에는 한족과도 흔히 결혼을 한다고 했다. 결혼 연령은 남자 22세, 여자 20세, 국법(물론 중국국법)을 잘 지키고 있다고 촌장다운 말을 했다.

이족에게도 전에는 남아선호 사상이 있었다고 한다. 그러나 요즘은 남녀에 별 차별을 두지 않고 정부 방침에 따라 둘만을 낳고 있다고 한다. 교육은 중학교까지는 의무교육, 그러나 고등교육을 받는 학생도 꽤 여럿 된다고 한다. 현재 이 마을에 대학생은 모두 셋, 북경에 있는 명문대학인 청화대학에 1명, 윈난성 농업학원에 2명이 재학 중이라고 한다.

결혼 후에는 일부일처제가 비교적 엄격히 지켜진다고 한다. 만일 결혼을 파기할 의사가 있으면 요즘은 법원에 가서 그 곳에서 정해주는 대로 따른다고 한다. 그러나 예전에는 마을의 가장 웃어른을 모시고 산꼭대기에 올라가 이혼을 원하는 쪽이 나뭇가지를 서너 조각으로 꺾어 상대방에게 주면 이혼이 성립되었다고 한다.

재혼 역시 아무 제약이 없었다. 다만 상을 당한 지 일이 년은 지나야 하고, 재혼할 상대가 결정되면 망자의 묘를 찾아가 양해를 구하는 절차를 밟는다고 했다.

결혼 후에는 반드시 남자 집에서 2~3년 부모와 같이 산 다음 분가한다고 했다. 더러 처가살이를 하는 경우도 있지만 그것은 여자 집에 대를 이을 아들이 없을 경우에 한해서라고 했다.

사람이 죽으면 먼저 깨끗이 씻기고 비단 또는 무명으로 지어 놓은 새 옷을 입힌다고 한다. 쌀 약간과 은 약간을 노자로 입에 물려준 다음 우리처럼 몸을 묶지는 않고 얼굴만을 천으로 덮어준다고 한다. 그리고 염이 끝나면 관에 넣어 원칙적으로 토장(土葬)을 하고 아이가 죽었을 때 더러 화장해 버리기도 한다고 했다.

촌장집에서 멜빵과 화초(花草) 섬유로 짠 조끼 한 벌을 샀다. 그리고 오후에 다시 찾아가서 이족 고유문자로 쓴 책 한 권을 받아 볼 수 있었다. 그 책은 1988년에 개서(改書)했다고 적혀 있긴 했으나 상형문자가 아주 생생한 아름다운 책이었다. 한국에 가져가고 싶은 욕심에 팔 수 없느냐고 했더니 촌장은 마을에 단 한 권 뿐이어서 그럴 수는 없다고 했다.

싼니족(檄尼族) 마을에서 약 10km 떨어진 싼자촌(三家村) 마을도 역시 싼니족이 사는 마을이었다. 관광지가 아니어서인지 우커슈 마을보다는 훨씬 안정적이고 농촌다웠다. 한 노파가 마당에 앉아 자새를 돌리고 있었다. 다가가 보니까 마른 솔잎 따위를 팔뚝만한 굵기로 꼬고 있었다. 무엇에 쓰려느냐고 물었더니 불 땔 것인데 이렇게 두어 발씩 꼬아 쌓아놓고 쓰면 잘 타기도 하고 화력도 좋다고 대답했다.

이 마을은 마차도 인상적이었다. 곡물, 연료 따위를 나르는 중요한 운반구(運搬具)였는데 둘레를 댓가지로 마치 울타리처럼 돌려 쳐서 짐이 떨어지지 않게 했다. 한 집에 들어가자 어둑한 한쪽 구석에 소금에 절인 고기가 잔뜩 걸려 있었다. 돼지를 잡아 길게 잘라 빨래처럼 걸어놓고 비닐을 씌었다. 그 염장한 돼지고기를 이들은 매우 좋아하여 삼년쯤 묵은 것은 대단히 인기가 높다고 한다. 이 곳 염장고기는 외부에도 널리 알려져 홍콩에서 오는 관광객들은 돌아갈 때 반드시 상당량을 사가지고 간다고 했다. 염장돼지고기는 시간이 지날수록 흰 부분은 투명해지고 붉은 부분은 새빨갛게 변한다고 했다. 그것은 아마도 건조한 기후 등 이 곳 특유의 환경조건에 원인이 있지 않나 생각되었다.

가정집 대문에 걸려 있는 문신, 집마다 다른 것이 특색이다.

문화대혁명시 파괴된 문화재 돌사자 대가리

싼미족 여인

화려한 대문 장식

5. 하이즈촌(海子村) 이족(彝族)의 지족(支族) 싼미족(撒媚族)

오후에는 쿤밍으로 돌아오는 길에 하이즈촌이라는 곳에 들렀다. 마을 입구에 해(海)자와 자(子)자는 깨지고 촌(村)자만 남은 작은 돌이 서있었다. 하이즈촌은 이족 중에 싼미족(撒媚族)의 마을이었다. 싼니족과 마찬가지로 이족(彝族)의 지족(支族)으로 초기의 조상은 다 같다고 믿고 있었다.

마을에 들어서자 너른 광장에 긴 창고 같은 건물이 있었다. 그 앞에 이층으로 된 정자가 하나 있었는데 그 건축양식이 매우 독특했다. 어쩐지 소수민족 마을에 있는 건물치고는 지나치게 화려하고 고급스럽다는 느낌이 들었다. 아래층은 나무로 기둥을 세우고 대문을 달았다. 흙벽돌로 벽을 막았는데 어딘지 어설퍼 나중에 덧붙인 것같이 보였다. 이층은 사방이 트인 정자였다. 서까래와 도리에 인동초 무늬를 새겼고 기와는 청기와였으며 암막새, 수막새에도 무늬가 새겨져 있었다.

마을 사람의 설명에 따르면 창고 같은 긴 건물은 1958년에 유치원으로 세운 것이고 그때 정자도 다른 마을에서 옮겨다 지었다고 한다. 정자는 현재 마을 사람들의 휴식 공간으로 활용되고 있었다.

정자에서 얼마 떨어지지 않은 곳에 큰 돌사자의 대가리가 뒹굴고 있었다. 그것은 꽤 장엄(莊嚴)을 갖춘 것으로 정자와 함께 이 마을의 심상치 않은 역사와 전통의 무게를 드러내고 있었다.

마을 앞 들판에서는 사람들이 한창 농사일에 바빴다. 모판에 파릇파릇 벼가 나부끼고 그 모판에 씌웠던 비닐을 사람들이 개울가에서 빨고 있었다. 이곳은 비닐 값이 꽤 비싼 모양이었다. 수북이 쌓아놓고 일일이 빨고 있는 모습이 너무 흔하게 버리는 우리네와 비교되어 눈길을 끌었다.

같은 이족이라고는 하나 스린에서 본 싼니족과는 복장이 완연히 달랐다. 칙칙하고 어두워서 마을 분위기도 어떤지 음산하고 그늘이 느껴졌다. 가장 인상적인 것은 집집마다 대문에 문신(門神)을 붙인 것이었다. 문신이라고 한마디로 표현할 수밖에 없는데 그 형태와 재료는 너무나 다양했다.

집을 지으면 붙인다는 붉은 종이는 스린의 싼니족과 별로 다르지 않았다. 그러나 이 마을은 그 위에 다시 염소 대가리라든가 오리대가리, 오리발 따위를 붙여놓았다. 뿐만 아니라 오곡을 넣은 작은 병을 걸어놓기도 하고, 한지로 오린 가위, 호리병 등을 붙여놓기도 했다. 이런 문신(門神)의 경우 한 마을이면 대개 같은 것이 원칙인데 이 마을은 집집마다 무엇이든 조금씩 달라 특이하게 보였다. 나중에 들은 얘기인데 이 문신들은 집에 좋은 일이 있으라고 붙이는 것이라고 했다. 그 중에도 염소대가리는 부자가, 오리대가리는 가난한 사람이 붙이는 것이 풍습이라고 했다.

여러 번 물어 우리는 마침내 촌장 집을 찾았다. 촌장 집 대문에도 이것저것 붙어 있기는 마찬가지였다. 문을 열고 들어서는 순간 나는 흠칫 놀라 한 발자국 뒤로 물러섰다. 웬 노랑머리 여자가 앉아 빨래를 하고 있었던 것이다.

노랑머리 여자라 해도 서양여자 같지는 않았다. 얼굴은 동양인인데 머리색만 마치 서양인처럼 노래서 혹시 염색한 것이 아닌가 했는데 그건 아니라고 했다. 주순자 씨가 그런 사람이 이곳에 심심치 않게 섞여 있다고 귀띔해 주었다. 그 여자는 촌장의 딸이었다. 촌장과 촌장부인은 검은 머리에 보통 이족과 다름이 없는데 딸은 전혀 다른 모습이었다.

우리는 촌장이 내다 주는 짚방석을 깔고 마당에 둘러 앉아 이야기를 나누었다. 짚방석은 스린의 싼니족 마을에 갔을 때도 본 것인데 2~3개를 포개 높게 만들어 어디든 깔고 앉기에 편리하게 되어 있었다.

이 마을은 모두 106호, 인구는 450명, 마을의 역사는 모른다고 했다. 혹시 기록 같은 것이 남아 있지 않느냐고 물었더니 그런 것도 없다고 간단히 대답했다. 마을 입구에서 본 돌사자머리에 대해서는 비교적 자세히 설명해주었다. 전에 마을 지킴이로 아주 잘 생긴 돌사자 두 마리가 마을 입구에 있었다고 한다. 촌장도 어렸을 때 또래들과 곧잘 등에 올라타고 놀았는데 문화대혁명(文化大革命) 때 모두 때려 부셔 오늘처럼 조각조각 굴러다니게 되었다고 한다. 또 마을 뒷산에 있던 명대(明代)에 지은 유서 깊은 불교사찰도 국민당이 불살라 버려 흔적 없이 사라졌다고 한다.

이 마을은 예부터 싼미족의 중심 촌이었다고 한다. 그래서 뒷산에 올라가면 싼미족의 왕자를 모셔 놓은 석상이 있다고 한다. 그것에 마을 사람들은 음력 1월 1일. 6월 24일. 횃불절에 올라가 제사를 올린다고 한다. 나는 그 곳을 꼭 보고 싶었으나 워낙 일행이 모두 지친데다 시간도 늦고 하여 강행할 용기를 내지 못했다.

싼미족 마을에서도 오전에 싼니족 마을에서처럼 이족(彝族)이 한족(漢族)과 싸워 졌다는 얘기를 들었다. 언제 어떻게 싸워서 졌는지 구체적인 내용은 모른다면서도 두 곳에서 똑같이 말하는 것을 보면 이들 역사에 뭔가가 있는 것이 분명했다.

문화대혁명, 그것은 중국의 대단한 폭풍이었던 모양이다. 문화대혁명 때는 미신타파라 하여 전통문화라고 하는 것은 모조리 때려 부수었다고 한다. 대문의 문신(門神)들도 미신이라 하여 모두 거둬버렸고 모택동 주석의 어록만을 붙여놓게 했다고 한다. 전국 조직인 행동대원들이 온 나라를 휩쓸고 다녔고 그들의 주도 하에 마을 단위 조직이 결성되어 남김없이 폭력을 휘둘렀다고 한다.

싼미족은 다신신앙(多神信仰)을 가지고 있는 것 같았다. 부엌을 들여다보니 벽에 신장(神將)을 그린 종이가 붙어 있고 그 앞에 향로가 놓여 있었다. 마당에도 종이가 붙어 있어 물어보니 천지보살(天地菩薩)이라고 했다. 방안에까지 들어가진 않았지만 이층 방안에도 향로가 있는 것을 보면 집안 곳곳에 신을 모신 모양이었다.

지금은 농사를 짓고 있지만 싼미족은 본래 유목민이거나 수렵민족이 아니었을까 생각되었다. 집안 곳곳의 신물(神物)이 대부분 오리대가리, 염소대가리 등 동물의 뼈로 되어 있는 것이 그것을 증명하고 있었다. 그들은 어디에 살았을까. 시원(始原)한 고장은 어디며 왜, 언제 이곳으로 흘러들어 왔을까, 알아보고 싶은 것이 많았으나 시간에 쫓겨 떠날 수밖에 없었다.

6. 다이족(傣族)의 옛 왕국 시쐉반나(西双版納)

마침내 시쐉반나(西双版納)이다. 짚문화를 연구하는 나는 벌써 오래 전부터 중국 남단 시쐉반나에 대해 관심이 깊었다. 시쐉반나는 수도경작(水稻耕作), 즉 물을 대서 벼를 재배하는 농법의 발상지이기 때문이다. 우리나라의 벼도 약 3,000년 전에 시쐉반나에서 들어왔다는 학설이 있다. 시쐉반나는 아열대성 기후에 물이 풍부하여 벼농사 짓기에 아주 적합한 환경이다.

시쐉반나 인구의 4분의 3은 다이족(傣族)이다. 다이족은 일찍부터 이 지역에 소왕국을 건설하고 벼농사를 지으며 안정과 부를 누렸다. 이 왕국이 무너진 것은 문화대혁명 때이다. 다이족 최후의 왕인 47대 따우 쓰싱 씨는 현재 쿤밍시민족연구소(昆明市民族研究所)에서 민족학을 연구하고 있다. 46대 왕은 왕권을 아들에게 물려주기 위해 일찍부터 그를 쫑칭(重慶), 난징(南京) 등지에 보내 현대 교육을 시켰다. 그러나 공부를 다 마친 그는 거스를 수 없는 역사의 대세를 알고 혁명세력에 동조하여 왕권을 포기하고 일개 학자로 일생을 보내고 있다고 한다.

다이족은 예부터 미얀마 왕실이나 태국 왕실과 깊은 혈연관계를 맺어왔다. 그 때문에 미얀마와 태국에 친척이 많은 다이족의 귀족들은 혁명이 일어나자 모두 그 쪽으로 도망가 버렸다. 그러나 그만은 그대로 중국에 남아 소수민족 연구에 일생을 보내고 많은 저서를 남기고 있다고 한다.

비행기는 오후 4시 20분 시쌍반나다이족자치주(西双版納傣族自治州) 주도(州都) 징홍(景洪) 공항 활주로에 내렸다. 원래는 2시 55분 출발 예정이었으나 30분 연발되는 바람에 4시 20분에야 도착했다. 쿤밍에서 징홍까지는 50분, 꼭 서울에서 제주도까지의 시간이다.

비행기에서 내리자 뜨거운 열기가 기다렸다는 듯 엄습해 왔다. 섭씨 35도, 비행장에는 갖가지 꽃들이 만발하고 야자수 등 열대식물이 무성했으나 결코 시원하다는 느낌은 주지 않았다. 습기가 별로 많은 것은 아니었으나 워낙 가물어서인지 먼지를 하얗게 뒤집어쓴 지붕과 가로수가 느른한 무력감을 안겨주었다. 이런 열기 속에 열흘을 어떻게 돌아다니나 생각하니 갑자기 두려움이 뒷덜미를 잡았다.

공항에는 국제여행사 징홍지부 가이드와 운전기사가 이미 나와 기다리고 있었다. 베트남의 아오자이 같이 꼭 붙는 옷을 입은 가이드는 다이족이라고 하는데 몸매가 날씬한 미인이었다. 다이족 가이드가 설명을 하고 주순자 씨가 우리에게 다시 옮기는 방법으로 안내를 시작했다.

공항에는 다이족 이외에도 여러 다른 소수민족 처녀들이 전통의상 차림에 꽃다발을 들고 줄져 서있었다. 정부 고관이라도 오는지 공무원인 듯싶은 남자가 서넛 섞여 있었다.

가이드가 그 중에 부주장(副州長)의 얼굴도 보인다고 귀띔해 주었다. 현재 시쌍반나자치주(西双版納自治州)의 주장은 다이족, 부주장은 한족(漢族)이라고 한다. 기록을 보면 자치주의 인구는 다이족(傣族), 한족이 각각 3분의 1씩이고 나머지 하니족(哈尼族), 부랑족(布朗族), 라후족(拉祜族), 후이족(回族) 등이 합해서 3분의 1이라고 한다.

공항에서 징홍 시내로 들어가는 길가에는 넓은 들판이 펼쳐져 있었다. 모내기가 벌써 끝났는지 제법 자란 벼가 파릇파릇 햇볕에 빛나고 있었다. 그 논은 대부분 다이족의 소유라고 한다. 수도경작(水稻耕作)으로 경제력을 장악한 다이족은 이 일대의 모든 주도권을 쥐고 있다고 한다. 내가 하니족은 어떻게 살고 있느냐고 물었더니 가이드가 곧 아이니? 하고 되받았다. 나는 깜짝 놀라 아이니가 무엇이냐고 물었다. 처음 듣는 민족명이었기 때문이다. 가이드는 하니족을 이곳에서는 아이니족이라고 한다고 대답했다. 태국의 아카족을 쿤밍 부근에서는 하니족, 시솽반나 주변에서는 아이니족이라고 부른다니 갑자기 혼란스러웠다.

다이족은 하니족을 몹시 멸시한다고 한다. 그 이유가 무엇이냐고 물었더니 "불교를 믿지 않고 문자도 없으며 낙후한 민족이기 때문"이라고 대답했다. 그런 다이족은 또 정작 한족에게는 멸시와 차별을 당한다니 아이러니가 아닐 수 없었다. 다이족은 여자의 성(姓)은 무조건 위(玉)이고 남자의 성은 웬(原)이라고 한다. 우리처럼 아버지의 성을 무조건 따라야 하는 혈통주의에 길들여진 관념으로는 쉽게 납득이 되지 않았다.

하니족, 라후족, 부랑족, 후이족, 지눠족 등은 모두 산에서 가난하게 살고 있다고 한다. 그러나 내게는 다이족보다 훨씬 관심이 가는 대상들이었다. 더구나 태국에서 그토록 생생한 감동을 주었던 아카족, 윈난성에서는 하니족이라고 하고 시솽반나에서는 아이니족이라 하는 그 아카족에 대한 기대는 한층 가슴을 설레게 했다. 이번에는 언어, 춤, 노래 등 종족 분류에 자료가 되는 모든 것을 착실히 수집해 갈 결심을 다시 했다.

일 년 중 이 고장의 가장 큰 행사인 발수절(撥水節)이 4월 10일부터 열린다고 한다. 그러나 우리는 12일 떠나야 하기 때문에 마지막까지는 볼 수 없게 되었다. 그 발수절 행사를 시작하게 된 동기에 대해 가이드로부터 재미있는 이야기를 들었다.

옛날 다이국에 한 왕이 있었다. 몹시 폭정을 해서 국민들로부터 미움을 받았다. 국민들은 하늘에 호소하기 위해 대표자를 뽑아 하늘로 올려 보냈다. 그러나 대표자는 너무

급히 날아가는 바람에 날개가 하늘 문에 부딪쳐 떨어져 죽었다. 이것을 본 하늘님은 지상에 무슨 일이 일어났는가 하여 하늘의 남자 한 명을 지상으로 내려 보냈다. 그 남자는 너무나 잘생겨 지상의 모든 여자들이 흠모했다. 왕의 일곱 처첩도 서로 이 남자를 사랑하여 남자는 이 처첩들을 통해 왕이 얼마나 폭군인가를 낱낱이 알아냈다. 남자는 처첩들에게 왕을 죽일 수 있는 방법을 알아내라고 했다. 그러자 처첩들은 머리카락으로 화살을 만들어 왕의 목을 쏘면 목이 떨어져나간다는 사실을 알아냈다. 남자가 처첩들의 힘을 빌려 그대로 하자 목이 떨어져 땅에 데굴데굴 굴렀다. 구를 때마다 이상하게 불길이 치솟았고 처첩들이 머리를 쳐들자 처첩들의 몸까지 타들어 갔다. 사람들은 불쌍한 그 처첩들을 살리기 위해 제각기 동이에 물을 담아 들고 나와 끼얹어 마침내 불을 껐다. 그때부터 사람들은 해마다 물을 끼얹는 발수절 행사를 하게 되었다는 것이다.

파쉐이(撥穗)란 포아풀과에 속하는 벼 같은 식물의 이삭이 패는 것, 또는 그 팬 이삭 자체를 지칭하는 말이다. 이 전설에서 치솟는 불길을 사람들이 동이에 물을 담아 껐다는 이야기는 바로 가뭄에 대비하는 농업 행위를 상징하는 것으로서 매우 흥미롭다.

마을 가장 높은 곳에 있는 그네. 그네는 마을문이라고 함.

하니족의 곳간. 맨 오른쪽 문짝에 번호가 적혀 있는 것이 우리 풍습과 같다.

담배 피는 하니족 노파

모자를 쓴 여자. 재앙을 물리친다고 밤에 잘 때도 쓰고 잔다.

7. 멍하이현(勐海县) 반란촌의 하니족(哈尼族)

시솽반나에서의 첫 답사이다. 아침 8시에 식사를 마치고 곧장 멍하이현(勐海县) 쪽으로 떠났다. 하니족을 보기 위해서였다.

멍하이현 못미처서 어떤 한족(漢族) 가족이 무덤을 손질하고 있는 모습이 보였다. 청명(清明)은 내일이지만 오늘이 일요일이라 온 가족이 나왔다고 하는데 무덤 앞에 제물을 놓고 제사하기 전에 한창 청소하는 중이었다. 주변의 잡초를 베어 쌓아놓고 태우는 연기가 보얗게 주변을 뒤덮고 있었다.

한족에는 토장(土葬), 화장(火葬) 두 가지 장법(葬法)이 있으나 정부에서는 화장을 적극 권장하고 있고, 도시에 사는 사람들은 무조건 화장을 하도록 되어 있다고 한다.

가이드가 한족 장법에 대해 많이 알고 있었다. 가이드는 중국계 아버지와 다이계 어머니 사이에서 태어나 한족(漢族)과 다이족(傣族)에 대해 꽤 해박한 지식을 가지고 있었다. 다이족 장법에는 화장(火葬), 토장(土葬), 수장(水葬) 3종류가 있다고 한다. 가장 많이 하는 것은 화장이고 다음이 토장인데 마을 일정한 곳에 묻고 평장한 다음 비석을 세우지 않아 세월이 흐르면 사실상 위치조차 알 수 없게 된다고 한다. 어린애가 죽으면 무조건 화장이고 밖에서 객사한 사람은 특이하게도 수장을 한다고 했다.

징훙(景洪)에서 멍하이(勐海) 쪽으로 가다 작은 개울 건너에 있는 반란촌을 찾아 들어갔다. 하니족 마을이었다. 하니족이라는 명칭은 근면하고 용감한 민족이라는 뜻이라고 가이드가 설명했다. 교통이 편리하여 관광객이 많이 찾는 곳인 듯 마을 입구에 관광객을 위한 큰 집을 짓고 있었다.

마을은 가난하긴 했으나 태국 북부에 있는 아카족 마을처럼 비참하지는 않았다. 30년 전에 정부가 땅을 내주어 정착했기 때문에 전기도 있고 수도시설도 돼 있었다. 집은 대부분 다이족식 2층 목조건물이고 집 옆에 반드시 곳간이 있는 것이 인상적이었다. 곳간이야 어느 민족에게도 대개 있는 것이겠지만 그 형태, 특히 가로로 막은 쪽문에 숫자를 적어 차례로 빼게 되어 있는 것은 얼마 전까지 우리 농촌에서 흔히 볼 수 있었던 곡식 저장 뒤주와 너무나 같았다.

마을 가장 높은 곳에 그네가 있었다. 가이드는 그것이 그네가 아니라 마을 문이라고 우겼다. 태국 북부에서 본대로라면 그네 옆에는 당연히 장승과 솟대가 있어야 했으나 보이지 않았다. 솟대를 본 일이 없는 가이드가 그러니까 그네를 문이라고 고집을 부리는 것이다.

우리는 여러 번 물어물어 촌장을 찾아갔다. 나이 40세쯤 돼 보이는 촌장은 인상이 퍽 밝고 현명해 보였다. 마을은 모두 66호, 350 명이라 했다. 30년 전 이 마을에 오기 전까지는 훨씬 높은 산꼭대기에 살았다고 한다. 그 곳은 교통이 불편하고 물이 부족하여 이곳보다 훨씬 살기 어려웠다고 한다.

나는 태국 북부에서 본 장승과 솟대가 궁금하여 그것부터 물었다. 전에, 그러니까 이곳으로 이주하기 전까지는 있었으나 이주하면서 없어졌다고 한다. 이 민족이 이곳으로 온 것이 약 30년 전이라고 하니까 시기적으로 문화대혁명과 맞아떨어져 그 영향도 없지 않았으리라 생각되었다.

고유 언어는 있었으나 고유문자는 없고 역사 기록도 없다고 했다. 그러면서 역사 기록과 관련해 오래 전부터 전해오는 전설을 들려주었다. 옛날에 역사를 다이족은 나뭇잎에 썼고 한족은 대나무에, 하니족은 소가죽에 썼다 한다. 오랫동안 장마가 들어 나뭇잎은 쓸려가 버리고 대나무는 그대로 있었으나 소가죽은 퉁퉁 불어 전부 삶아 먹어버리고 말았다는 이야기였다.

그네뛰기는 1년에 2번, 1월과 7월에 떡, 돼지, 소를 잡고 성대히 치른다고 했다. 방 천정 한 귀퉁이에 태국 북부에서 본 것과 같은 대통이 매달려 있었다. 뭐냐고 물었더니 벼가 익은 다음 제일 먼저 벤 것을 넣어두는 곳이라고 했다. 태국에서 들은 말이 있어 혹시 이 방이 여자 방이냐고 물었더니 그렇다고 대답했다. 하니족은 전통적으로 여자 방, 남자 방이 따로 정해져 있는 것이다.

성주독은 없다고 했고 7월경 벼 심을 때 하는 농경의례가 있다고 했다. 벼 심을 논에 닭을 가지고 가서 그 자리에서 잡아 털을 태운 다음 닭고기는 집에 가지고 와서 먹는데 농사가 잘 되라고 비는 뜻이라고 했다.

1월과 7월에는 조상에게 제사를 올린다고 했다. 조상이 와서 앉는 의자와 밥상이 있다고 해서 꺼내놓고 사진만 좀 찍을 수 없느냐고 했더니 함부로 움직일 수 없고 만일 꼭 그래야 한다면 닭 한 마리를 잡아 그것을 다 먹고 가야만 동티가 나지 않는다고 했다. 집 지을 때는 우리처럼 성주를 거는 대신 돼지, 닭을 잡아 비는 것으로 끝낸다고 했다.

서울에서부터 줄곧 궁금했던 몽고반점은 우여곡절 끝에 확인했다. 어린아이들의 엉덩이를 본다는 것은 아무리 그것이 헐벗고 사는 사회라 해도 그리 쉬운 일이 아니었다. 나는 물건을 팔아준다는 조건하에 두 아이의 엉덩이를 볼 수 있었다. 우리와 똑같은 푸른 반점이 엉덩이의 거의 반을 차지하고 있었다. 내 행동을 지켜보던 촌장이 싱글싱글 웃으며, 그건 뱃속에서 어머니의 말을 듣지 않아 손바닥으로 맞은 것이기 때문에 누구에게나 있는 것이라고 말했다.

마을에는 초등학교가 있었다. 의무교육인 중학교까지는 대부분 마치고 소수이긴 하지만 고등학생도 있으나 대학생은 아직 한 명도 없다고 했다.

연애는 비교적 자유롭다고 했다. 딸이 성장하면 부모는 계단 바로 옆에 딸만 사용하는 방 하나를 따로 만들어 준다. 이것은 밤에 남자가 자유롭게 찾아오게 하기 위해서인데 간혹 남자가 유인하면 상대를 보아 여자가 따라 나가 연애를 하는 경우도 있다고 한다.

결혼은 타민족과도 할 수 있으나 대체로 하니족과 하도록 한다고 했다. 특히 한족이 하니족 여자를 좋아해 더러 이루어지기도 하나 하니족 남자는 한족 여자를 싫어한다고 했다. 현재는 일부일처제가 지켜지고 있으나 문화대혁명 전까지는 남자가 두 여자를 얻는 경우가 흔했다고 한다.

결혼식은 신랑 신부 양가에서 각각 돼지 1마리씩을 잡고, 식장에서는 신랑 신부가 삶은 달걀을 반씩 나누어 먹고 담배도 절반씩 피고 사탕도 절반씩 나누어 먹는다고 했다. 신랑은 색시 집에서 자는 법이 없고 바로 데려다 남자 집에서 같이 살거나 작은 오두막을 지어 신접살림을 차린다고 한다. 하니족의 집은 다락집이지만 옆에 곳간 말고도 단층으로 조그맣게 지은 오두막들이 있는데 그것이 바로 신혼부부들이 사는 집이라고 했다.

아이는 현재 정부의 방침대로 둘만 낳고 있다고 한다. 전에는 쌍둥이 낳는 것을 절대 금기시해서 쌍둥이를 낳은 여자는 마을에서 소외시켰고, 아이들은 둘 다 죽여 버렸다고 한다. 해산은 대자리를 깔고 하는데 쌍둥이인 경우에는 짚을 깔고 낳아 죽여서 짚과 함께 내다 묻었다고 한다.

태국 북부에서는 기둥에 성주를 걸어놓은 것을 여럿 보았다. 그러나 이곳 하니족 마을에는 그런 것은 찾아볼 수 없었다. 이곳에서는 집이 완성되면 돼지, 닭 등 음식을 잘 차려 고사를 지내고 동네사람들과 한바탕 잔치를 벌인다고 한다.

하니족 여자들이 쓴 모자는 머리 감을 때 이외는 절대 벗지 않는다고 한다. 식사 때는 물론 잘 때도 반드시 쓰고 자는데 이는 재앙을 물리친다는 생각이 있기 때문이라고 한다.

하니족들이 흔히 짊어지고 다니는 망태기가 있어 자세히 보려고 끌어당기자 산에 나는 풀을 비벼 꼬아 만든 것이라고 설명했다. 내가 그 풀이름이 무엇이냐고 묻자 '칠구'라고 대답해서 나를 깜짝 놀라게 했다. 땅에 길게 뻗고 마디가 짧으며 7월경에 채취할 수 있다는 것으로 보아 칡이 틀림없었다. 칡과 칠구, 이것은 아무래도 우연이라고 하기에는 너무나 일치하여 마치 머리를 세게 한 대 얻어맞은 듯 한순간 멍해지는 느낌이었다. 칡덩굴에서 뺀 섬유는 우리나라에서도 예전부터 많이 썼다. 칡덩굴을 살짝 데쳐 무릎에 놓고 훑으면 안에서 희고 윤택한 섬유가 나온다. 그것으로 옷감을 짜기도 하고 돗자리 매는 노끈을 꼬기도 하는 등 다양하게 활용한 것이다.

| 멍하이현 멍하이구의 부랑족 |

다양한 소수민족들이 모여드는 시장 풍경

마을 입구의 문. 가장자리는 왼새끼로 칭칭 감았고, 위에는 긴 대나무가 얹혀 있다.

지붕을 띠풀로 씌운 작은 집들이 둘러싼 독특한 마을

부랑족 엄마와 아들

부랑족 남자

8. 멍하이현 멍하이구(勐海县勐海區)의 부랑족(布朗族)

멍하이현에 도착하자마자 시장부터 들렀다. 다양한 소수민족들이 모여드는 곳이었기 때문이다. 어지간한 축구장 크기의 장마당에는 물건을 팔러 온 사람, 사러 온 사람으로 인산인해를 이루고 있었다. 그 곳은 그야말로 각양각색의 인간 전시장이었다. 생김새와 피부색이 다를 뿐만 아니라 옷 모양과 색깔도 제각기 다르고 독특하여 장바닥은 흡사 온갖 종류의 꽃이 만발한 꽃밭인 듯 화려했다.

수예품을 팔러 나온 사람, 과일이나 채소 따위를 한 바구니씩 들고 나와 쭈그리고 앉아 흥정하는 모습은 우리네 시골 오일장에서 흔히 보는 풍경과 조금도 다를 바가 없었다. 소수민족들은 들고 나온 물건을 판 다음에는 필요한 여러 가지 생필품, 가령 플라스틱 그릇이라든지 무늬 요란한 옷감, 비닐 같은 것들을 사가지고 돌아갔다.

닥나무 껍질이 여기저기 산더미처럼 쌓여 있었다. 언젠가 닥 껍질 수입으로 우리 한지의 질이 떨어지고 재래 닥 산업 자체가 위협을 받고 있다는 말을 들은 일이 있다. 그 외제라는 것이 여기에서 들어가는 것인가. 전부는 아니어도 상당량일 것이라고 생각되었다. 닥 산업을 놓고 이곳 소수민족과 우리 농민이 경쟁을 벌인다면 그 승부는 너무나 빤한 일이다. 이 광활한 농토, 넘쳐나는 노동력, 낮은 인건비, 그것을 우리가 어떻게 이겨낼 수 있을 것인가.

시장에서 나오자 우리는 곧장 부랑족(布朗族) 마을을 찾아갔다. 시장에서 큰 길을 따라가다 오른쪽으로 접어들어 산길을 한참이나 터덜거리며 달려야 했다. 능선 양편으로 산은 온통 산자락까지 차나무로 뒤덮여 있었다.

우리는 마침내 멍하이현 멍하이구((勐海县勐海區)의 한 부랑족(布朗族) 마을에 도착했다. 마을은 산에서 제일 높은 정상에 자리 잡고 있었다.

부랑족은 시솽반나에 모두 8만 명이 살고 있다고 한다. 우리가 도착하자 구경거리라도 난 듯 동네 꼬마들이 모두 쏟아져 나와 한 줄로 에워쌌다. 마침 광선의 각도도 좋고 하여 사진을 찍으려고 카메라에 손을 대자 아이들이 알아채고 한둘씩 도망쳤다. 맨발에 남루한 옷차림, 아이들은 더럽고 초라했다. 이어 아이를 안은 여자들이 하나둘 아이들 뒤에 모습을 나타냈다.

마을 입구에는 마을 지킴이로 보이는 문이 하나 서있었다. 나무로 문 모양을 만들어 세우고 가장자리는 왼새끼를 칭칭 감았다. 그리고 그 위에는 무슨 뜻인지 긴 대나무 하나가 얹혀 있었다.

마을은 매우 독특한 구조로 배치되어 있었다. 가운데 큰 집들이 모여 있고 그것을 둘러싸듯 돌아가며 지붕에 띠로 보이는 풀을 씌운 작은 집들이 늘어서 있었다. 아이를 안은 한 여인에게 물어보니 곡식 넣는 곳간, 또는 신혼부부가 사는 집이라고 했다.

우리는 우선 촌장부터 찾아가 보기로 했다. 그러나 촌장은 마침 출타 중이어서 집에 없었다. 어떻게 할까 망설이고 있는데 우리를 촌장 집으로 안내한 청년이 이리 오라고 손짓하며 앞장섰다. 골목을 몇 번 돌아 데리고 간 곳은 그 마을의 불교 사원에서 중요한 직책을 맡고 있다는 노인의 집이었다.

노인은 60세가 조금 넘어 보였다. 그는 우리를 반갑게 맞아들이고 나서 카메라를 보더니 얼른 방으로 들어가 새 옷으로 갈아입고 나왔다. 새 옷이라 해도 색은 내내 같은 검은 색이었으나 위 포켓 양쪽에 각각 만년필과 떽이 꽂혀 있었다. 떽은 무명실에 꿀을 발라 굳힌 것으로 종교의식에 쓰는 것이다. 노인은 포켓에 꽂힌 만년필을 보이려는 듯 여러 번 만지작거리며 떽은 손님이 온다거나 중요한 종교행사가 있을 때만 꽂는 것이라고 묻지도 않는데 굳이 설명했다.

집은 이층으로 되어 있었다. 아래층은 울타리 비슷한 것으로 둘러쌌는데 한쪽에 디딜방아만 놓여 있을 뿐 덩그러니 비어 있었다. 나무 계단을 밟고 이층으로 오르자 그 곳이 주택이었다. 계단 끝에 좁은 베란다가 있고 그 곳에서 문을 열고 들어가자 화덕이 있는 넓은 방과 침실이 나왔다.

넓은 방문 위에는 금줄이 여러 겹 쳐져 있었다. 금줄은 집을 지을 때 쳤고 해마다 새로 꼬아 친다고 했다. 액운을 물리치기 위해서라는 점은 우리네와 다름이 없었다. 집 한가운데에 세운 굵은 기둥에 가신(家神)으로 여겨지는 이상한 것이 하나 붙어 있었다. 수수껍질을 안에 넣고 누런 헝겊으로 싼 다음 그 위를 다시 붉은 헝겊으로 싸 묶은 것이었다. 그것 역시 집 지을 때 옛 조상이 한 것이라 자기는 잘 모른다고 설명을 꺼렸다.

이 마을은 모두 97호, 560명이 살고 있다고 한다. 현재 5대째인 집이 있으니까 마을이 생긴 것은 약 200~300년 전쯤으로 생각되고, 종교는 마을 입구에 있는 절을 중심으로 소승불교를 믿고 있다고 했다.

부랑족의 뿌리는 다이족과 같다고 노인은 믿고 있었다. 언어도 거의 비슷하고 문자도 같고 풍습 역시 흡사한 것이 많다는 것이다. 이 민족에게는 개문절(開門節)과 관문절(關門節)이라는 것이 있었다. 개문절이란 문자 그대로 문을 여는 계절이고 관문절이란 문을 닫는 계절이다. 계절적으로는 7월부터 10월까지가 관문절이고 나머지 기간이 개문절에 해당된다고 한다. 관문절에는 마을 문 위에 대나무를 여러 개 올려놓고 일체 잡인의 출입을 금할 뿐만 아니라 결혼조차 할 수 없어 모든 생활이 정지된다고 한다.

벼를 심고 걷어 들일 때 특별한 의식은 없고 애를 낳았을 때도 금기하는 별다른 조처는 없다고 한다. 다만 애 낳는 것을 도와준 사람이나 낳은 후 제일 처음 찾아온 사람, 병을 치료해준 사람은 양어머니 또는 양아버지로 정해 공경한다고 했다.

우리가 들어가고 얼마 안 있어 박박 깎은 머리에 노란 승복을 입은 여남은 살 된 소년이 들어왔다. 사원(寺院)에 출가(出家)한 그 집 막내아들이라고 하는데 잠시 집에 다니러 온 것이라고 했다.

부랑족은 다이족과 마찬가지로 남자는 누구나 8세가 되면 사원에 출가하여 18세까지 공부하며 생활해야 하는 규정이 있다고 한다. 아주 강제된 것은 아니어서 18세 전에 나올 수도 있고 더 있을 수도 있으나 대개는 그 기한을 지킨다고 한다.

연애는 자유롭게 할 수 있으나 연애할 때 누구의 눈에도 띄어서는 안 된다는 금기가 있었다. 외부인에게는 물론 동네사람 눈에 띄어서도 안 되고 심지어 개가 짖거나 나무가 넘어지는 것을 보아도 그 연애는 깨지는 것으로 믿는다고 한다. 한마디로 쥐도 새도 모르게 해야 하므로 이곳 사람들은 흔히 새벽 2~3시쯤 다른 사람들이 모두 잠들었을 때 만난다고 한다.

일부일처제가 지켜지고 있고 결혼하면 남자가 여자 집에서 3달 동안 일해 주는 풍습이 있었다. 예전에는 이보다 훨씬 오래 있었으나 요즘 와서 짧아진 것이라고 한다. 처가에서 돌아오면 바로 마을 한쪽에 곳간 같은 작은 집을 짓고 신접살림을 차리는데, 우리가 이 마을에 들어올 때 본 마을 둘레의 작은 집들은 곳간으로 쓰는 것도 있지만 이들 신혼부부들의 보금자리도 있었던 것이다.

결혼 상대는 원칙적으로 부랑족이어야 하지만 다이족과 하는 경우도 있다고 한다. 그러나 그 밖의 다른 민족, 그 중에서도 하니족과는 절대 하지 않는다고 한다. 그 까닭은 옛날 하니족과 땅 문제로 크게 싸워 원수가 되었기 때문이라고 한다.

이혼은 결혼과 마찬가지로 자유로웠다. 살다가 싫어지면 참댓개비를 꺾어 이빨자국을 내어 상대에게 건네주면 성립된다고 한다.

사람이 죽으면 다른 민족처럼 입에 쌀이나 은을 넣어주는 풍습은 없고 다만 황토색 천으로 둘둘 말아 싸주기만 하면 된다고 했다. 관은 주로 대나무로 만든 죽관을 사용하고 마을에서 떨어진 공동묘지에 묻는데 매장한 후 봉토는 하지만 비석은 세우지 않는다고 한다. 집안에 조상신 모신 것은 볼 수 없었다. 조상은 절에 모시고 때마다 제사를 지낸다고 했다.

저녁에 징훙시(景洪市)로 돌아왔다. 올해가 시쐉반나 다이족자치주 주립 40주기여서 곳곳에 기념행사를 알리는 현수막과 안내문이 붙어 있었다. 다이족에게는 별도의 달력이 있어 올해가 다이력 1355년이다. 소위 물 뿌리기 행사, 즉 발수절(發穗節)은 다이족의 정초, 양력으로는 4월 10일부터 15일 사이이다. 본래는 해마다 날짜가 바뀌는 것이 원칙이지만 외국인에게 널리 알려지면서부터 아예 양력 4월 10일부터 15일까지로 고정시켜버렸다고 한다.

발수절을 앞두고 호텔은 초만원이었다. 금년 들어 한 번도 비가 오지 않았다는 대지는 메마를 대로 메말랐다. 가로수에 먼지가 두텁게 쌓였고 차가 지나갈 때마다 벌건 흙먼지가 구름처럼 일었다. 어쩌면 발수절은 이런 이 곳 기후에 그 근거를 두고 있는 것이 아닐까 생각되었다. 상대방에게 서로 물을 뿌리며 복을 빈다는 이 행사는 전설의 내용이야 어떻든 비를 비는 마음, 간절한 기우제의 일종이라고 보아야 할 것 같았다.

중국말에 '팅부덩'이라는 말이 있다. 상대방의 말을 '못 알아듣겠다'는 뜻인데 나는 오늘 이 말을 기억해 두었다가 아주 유효적절하게 써먹었다.

멍하이에서 돌아와 보니 호텔 공기가 어제와 달랐다. 종업원들이 바쁘게 오가고 뭔가 뒤숭숭한 분위기가 완연했다. 그렇거나 말거나 피곤한 우리는 개의치 않고 방으로 들어가 누웠다. 잠시 후 누군가가 똑똑 방문을 두드렸다.

밖에 남녀 종업원이 서 있었다. 내가 고개를 내밀자 손짓을 열심히 하며 뭔가 의사를 전달하려고 애썼다. 나는 대충 눈치로 알아차렸다. 예고 없이 고위층 인사라도 온 모양이었다. 수행원도 꽤 되는지 작은 방으로 좀 옮겨줄 수 없느냐는 말이 분명했다. 나는 속으로 내가 왜? 하면서 '팅부덩'했다. 그들은 다시 한 번 장황하게 설명했다. 나는 또 다시 미안한 얼굴로 '팅부덩'하며 고개를 저었다. 그들은 할 수 없는지 돌아가 버렸다.

| 멍한진 망라오촌의 하니족 |

추녀 끝에 매달아놓은 창끝. 사귀를 물리치기 위한 것이라 함.

베를 짜기 위해 팽이처럼 생긴 방추를 빙글빙글 돌려 실을 뽑는 모습

하니족 남자

학교에서 공부하는 학생들

베틀에서 베를 짜는 여인

9. 멍한진 망라오촌(勐罕鎭曼老村)의 하니족(哈尼族)

또 다시 하니족이다. 지명은 멍한진 망라오촌(勐罕鎭曼老村), 모두 일하러 나가고 마을은 텅 비어 있었다. 건물은 모두 다이족 양식, 마을 입구에 장승, 솟대는 역시 없었다. 어제 반란촌에는 그네라도 있었는데 이 마을에는 그나마도 없었다.

두 여자가 베를 짜고 있는 집으로 들어갔다. 하니족의 베틀은 유난히 길어 자리를 많이 차지했다. 서늘한 아래층에 앉아 두 여자가 베 짜기에 여념이 없었다. 베는 흰 무명인데 폭이 아주 좁았다. 목화를 심어 실을 뽑아 무명베를 짜는 일은 우리도 6,70 년 전까지 하던 일이다. 그러나 지금은 거의 보기 어렵게 되어서인지 무척 신기하게 보였다.

이 사람들의 실 뽑는 방법은 우리처럼 물레를 돌리는 것이 아니라 팽이처럼 생긴 것을 들고 뱅글뱅글 돌려 뽑았다. 이층에 올라가니까 50세쯤 된 남자가 아이들과 앉아 있었다. 여자들은 베를 짜고 남자는 아이들을 돌보고 있는 모양이었다. 우리는 짐을 한쪽에 내려놓고 편안히 앉아 인터뷰를 시작했다. 남자도 심심하던 차에 잘 되었다는 듯 귀찮은 내색을 보이지 않았다.

집은 모두 47호, 주민은 270명이라고 했다. 이곳으로 이주한 것은 1967년이고 옛날에는 윈난성 홍허(紅河)에 살았다는 얘기를 들었다고 한다. 주업은 쌀농사인데 논이나 밭에 직파하는 것, 산속 마른 땅에 뿌리는 것 등 여러 가지 방식으로 짓는다고 했다.

생활은 말할 수 없이 궁핍했다. 땟국이 흐르는 집안 꼴은 제쳐놓고라도 입은 옷들이 모두 해져 거지꼴과 다름이 없었다. 언제 씻었는지 온몸이 새카만 아이들은 맨발에 옷 하나를 걸치거나 아니면 아예 알몸이었다. 아래에서는 저렇게 베를 짜는데, 그러나 그

베는 이들의 옷보다는 생존을 위해 시장의 상품이 되기가 바쁘리라. 그래도 손님이 왔다고 다 낡은 플라스틱 컵에 더운 차를 내왔다. 우리는 마실 엄두가 나지 않아 잠깐 쳐들어 마시는 시늉만 했다.

문화대혁명 전까지는 마을에 장승, 솟대, 그네를 세웠다고 한다. 나무로 문을 만들고 대나무로 별 모양을 엮어 붙였으며, 장승도 남녀 한 쌍씩 깎아서 세웠다고 한다. 솟대와 장승을 세우는 날은 잡귀를 막는 뜻으로 외부사람은 일체 들이지 않았다고 한다.

이층으로 올라가는 계단 난간을 굵은 덩굴로 휘휘 감고 그 한가운데에 넓적한 영지버섯 하나를 매달아 놓았다. 그것 역시 집안에 귀신이 들어오는 것을 막는 뜻으로 해놓은 것이라고 했다. 아이 낳을 때가 되면 덩굴을 문 위에 걸어 잡인을 금하고, 아들을 낳으면 나무칼을 만들어 검은 색으로 갖가지 그림을 그려 침실 바로 아래층 처마에 걸어 놓는다고 했다.

그 곳에 있는 아이들은 모두 몽고반점이 뚜렷했다. 우리가 마을의 다른 아이들은 어떠냐고 묻자 주인남자는 무슨 그런 당치않은 질문이냐는 듯 눈을 크게 뜨고 하니족이면 당연히 점이 있다고 자신 있게 대답했다.

하니족 생활 중에 매우 독특하고도 중요한 풍습 하나를 들었다. 하니족 남자들은 누구나 의무적으로 조상의 이름을 외운다고 한다. 자신의 이름이 지선이라고 하는 이 남자는 5대조 조상의 이름까지 외었다. 위로부터 올로, 로싸, 싸따, 따뷰, 뷰지, 지선, 뒷말잇기 식으로 나가는 이 이름 외기는 사람에 따라 최고 20~30대까지도 외운다고 한다.

부모가 죽으면 하니족은 장례 지낼 때 반드시 이 이름 외우기를 해야 하는데 이것은 먼저 죽은 조상들에게 방금 죽은 자손의 이름을 알리는 일종의 신고식과 같은 것이라고 한다. 당신들의 자손 아무개가 저승에 가니 잘 보살펴달라는 뜻으로, 만일 이름을 외우지 못하면 자식으로서 더할 수 없는 불효가 되는 것이라고 한다.

하니족이 도령신앙(稻靈信仰)을 지키고 있는 것은 태국 북부에서 이미 확인한 바가 있다. 이곳에서도 추수 때가 되면 제일 먼저 벼이삭 3가닥을 잘라 천정에 매단 대통에 보관한다고 했다. 그러나 태국 북부에서 무엇보다 인상 깊었던 집지킴이 성주(城主)들은 이곳에서는 발견할 수가 없었다. 그 대신 신미절(新米節)을 지킨다는 매우 놀라운 사실을 알아냈다.

추수 때가 되면 제일 먼저 걷은 햅쌀로 떡이며 밥을 짓고 돼지, 닭 등을 잡아 푸짐하게 한상 차려 조상에게 올린다. 이때에도 조상들의 이름을 부르며 '잡수시라'고 조금씩 떼어 권한 다음 집안의 웃어른부터 차례로 먹는다. 이것을 신미절(新米節) 또는 신미제(新米祭)라 한다고 남자가 말했다.

다이족에 대한 남자의 원한은 말할 수 없이 깊었다. 다이족 마을에 갔을 때 하니족과는 절대 혼인 같은 것 하지 않는다고 했는데 이 남자 역시 다이족이라면 하니족이 모두 멸종이 된다 해도 결코 혼인할 수 없다고 말해 그들의 관계가 어떤 것인지 짐작하게 했다.

하니족과 다이족 사이에 대체 어떤 일이 있었기에 이토록 골이 깊은 것인가. 다이족 마을에 갔을 때 "우리는 옛날 하니족과 땅 싸움을 크게 한 일이 있다"고 하는 말을 들은 일이 있다. 그러나 이 남자는 그런 사실은 모른다고 하고 다만 다이족과는 풍습이 너무나 다르기 때문이라고 말했다. 가장 대표적인 것은 가령 다이족은 결혼을 하면 남자가 여자 집에 가서 일정 기간 일을 해주는데 하니족 남자로서는 도저히 생각할 수도 없는 일이라는 것이다.

그러나 어머니가 다이족인 시쐉반나의 가이드는, 다이족이 이 지방에서 권력을 너무 오래 잡고 있었기 때문에 생긴 알력이 그 원인이라고 간단히 규정했다. 아무튼 최고 권력자였던 다이족과 깊은 대립 관계를 계속 유지해 왔다는 것은 하니족이 그들에게

굴종하지 않았다는 얘기이고. 그것은 곧 그들이 패기 있는 민족이라는 증거가 아닐까 생각되었다.

소수민족은 산지민족(山地民族)이라고도 한다. 산에서 사는 민족이라는 말이다. 그들이 산에 사는 것은 평지에는 발붙일 곳이 없기 때문이다. 살기 좋은 평지는 대부분 한족이나 다이족이 차지하고 있는데 시솽반나는 다이족들이 예부터 독차지하고 있었다.

소수민족이 이곳으로 이동해 오면 처음에는 평지에 어떻게 정착하려고 이리저리 노력을 기울려본다. 그러나 한 치도 여지를 주지 않는 거대하고 사나운 기득권에 밀려 결국 산으로 쫓겨 올라가기 마련이다. 그들의 역사 속에 자주 나오는 "땅 때문에 싸웠다" "전쟁이 있었다"는 말은 모두 여기에 근거하는 것이리라.

| 멍한촌의 다이족 |

다이족의 시장 풍경

만춘만대불사. 건물이 독특하고 아름다운 소승불교사찰임.

부엌에서 불을 붙이는 여자

선인장이 무성한 마을길

10. 멍한촌(勐罕村)의 다이족(傣族)

아침 8시 30분, 란창강(瀾滄江)을 끼고 계속 달렸다. 티베트에서 발원하여 4천 km를 달려 메콩강에 합류한다는 란창강은 오랜 가뭄에 수량이 줄긴 했으나 여울을 박차며 힘차게 흐르고 있었다.

다이족은 멍한(勐罕)이라고 하고 한족은 갈람바라 하는 곳에서 다이족의 시장을 보고 바로 옆에 있는 만춘만대불사(曼春滿大佛寺)에 들렸다. 이 절은 지은 지 200년이 넘는 유서 깊은 사찰이라고 한다. 다이족은 태국과 마찬가지로 소승불교를 믿는다고 한다. 마을마다 절이 하나씩 있고 학생과 승려 합해서 보통 30~40명씩 상주한다고 한다.

부처가 앉은 좌대 뒤로 돌아가니까 볏짚으로 만든 제웅이 여럿 쌓여 있었다. 머리와 다리는 나무로 깎고 팔과 몸은 볏짚으로 묶어 만든 제웅은 매우 독특하고 인상적이었다. 나는 우리 박물관에 소장하고 싶은 욕심에 그 제웅 몇 개를 사갈 수 없는지 알아보아 달라고 가이드에게 부탁했다. 가이드는 승려 한 사람과 한참 수군대고 돌아왔다. 제웅 말고도 태국 패엽경(貝葉經) 3권까지 합쳐 모두 850위안에 살 수 있다고 했다. 우리 돈으로 환산하면 대략 85,000원이었다. 패엽경은 철필로 패다라엽(貝多羅葉)에 경문을 새긴 귀한 것이다. 나는 두말 않고 쾌히 지불했다.

사찰 앞 광장에는 상인들이 앉아 여러 가지 기념품을 팔고 있었다. 그 중에는 어제 본 뗌도 눈에 띄었다. 가이드가 빈랑(檳榔)이라고 하는 것을 집어 들어 내게 보여주었다. 빈랑은 태국 북부 소수민족도 많이 씹고 있어 그 곳에서도 본 일이 있다. 특히 아카족이 더했는데 이빨은 까맣고 입술 주위는 피 묻은 것처럼 벌개서 몹시 불쾌한 인상을 주었다. 빈랑을 씹는 이유는 이를 튼튼하게 하기 위해서라고 한다. 그러나 태국에서 듣기로는 담배처럼 그것도 중독이 되는 경향이 있다고 한다. 다이족도 예전에는 많이 씹어 흑치족(黑齒族)이라는 별명이 있었다고 한다. 이가 검은 민족이라는 뜻이다.

시장에서 나와 바로 인접한 다이족(傣族) 마을로 들어갔다. 이 마을은 굵은 나무로 잘 지은 집, 너른 마당, 산이 아닌 평지에 위치하여 얼른 보기에도 자리가 잡힌 여유 있는 삶터였다. 초라하고 가난한 산마을만 보아온 내게는 그들을 소수민족이라고 부르는 것이 어쩐지 어색하게 느껴졌다. 이곳 시솽반나에서는 다이족을 소수민족이라고 하기 어려웠다. 인구가 압도적으로 많은데다가 주장(州長)도 다이족이어서 한족(漢族)이 오히려 소수민족에 속한다고 할 수 있다.

우리는 마을에서 가장 마음에 끌리는 집을 골라 대문 안으로 들어갔다. 오십쯤 돼 보이는 여자가 아래층에 있다가 별로 반기는 기색 없이 맞았다. 아래층은 한쪽에 잡다한 물건이 쌓여 있고 다른 쪽은 닭과 개를 키우는 헛간 비슷한 곳으로 쓰고 있었다.

두꺼운 송판으로 된 계단을 오르자 좁은 공간이 나오고 그 공간에서 문을 열고 들어가자 거실로 쓰는 넓은 방이 나왔다. 거실 한쪽은 주방이었다. 벽돌로 화덕을 꾸미고 그 옆에 살강, 찬장이 이어져 있었다. 뚜껑 달린 작은 대바구니에 흰 쌀밥이 가득가득 담겨 있었다. 거실 옆에는 침실이 두 칸 있었는데 입구에 따로 문이 없고 문 대신 얼기설기한 커튼이 쳐져 있었다.

우리는 거실 의자에 앉아 인터뷰를 시작했다. 여자는 후덕한 인상은 아니었으나 상냥하고 이성적이었다. 이 마을에는 모두 86가구에 주민은 360명이 산다고 했다.

다이족은 애 낳을 때 짚을 깔지 않고 보통 대자리를 깔고 장소는 반드시 침실이 아닌 거실이나 부엌 옆 공간에서 낳는다고 했다. 그 까닭은 애 낳는 것은 더러운 일이어서 침실 같은 신성한 곳을 더럽힐 수 없기 때문이라고 했다.

몽고반점은 있는 사람도 있고 없는 사람도 있다고 했다. 산후 금기는 부랑족과 마찬가지로 전혀 없다고 했다. 문 밖에 거는 것도 없고 출입에 제한도 없다고 했다. 아무나 들어와도 상관하지 않는데 다만 제일 먼저 들어온 사람, 또는 해산을 도운 사람은 아이의 양아버지 또는 양어머니로 정한다고 했다. 산후 음식은 주로 야채를 먹고 닭고기는 먹지 않으며, 출산 후 빨래라든지 뒤처리를 남자가 돕는 일은 절대 없다고 했다.

이 마을에는 중학교까지의 의무교육은 물론 고등학교와 대학교 교육을 받는 사람도 상당수 있다고 했다. 남자는 8살만 되면 누구를 막론하고 절에 들어가야 하는데 만일 이를 어겼을 때는 소속사회의 대단한 수치로 안다고 했다. 다이족 마을에는 의례 절이 하나씩 있는데 다이족의 정신적 중심 역할을 하는 이 절에는 승려와 학생 합해 보통 30~40명 상주하고 그 비용은 모두 그 소속 마을에서 책임지며 절에서의 수업은 부랑족(布朗族)과 마찬가지로 보통 18살까지 받는다고 한다.

이들의 연애풍습은 무엇보다 흥미로웠다. 다이족 여자들은 평균 16살만 넘으면 연애 상대를 구한다고 한다. 방법은 명절 때를 이용하거나 시장에 삶은 닭을 내다 팔면서 구한다고 한다. 연애 상대를 찾고 싶은 처녀는 닭을 한 마리 삶아 시장으로 들고 간다. 처녀가 앉아 있으면 남자들이 오는데 마음에 안 드는 남자가 오면 비싸게 부르고 마음에 드는 남자가 오면 아주 싸게 부른다고 한다. 이렇게 하여 연애가 시작되는데 결혼 전에 성관계를 갖는 일은 절대 없다고 한다. 여자는 연애 상대가 생기면 머리에 빗과 꽃을 꽂아 사람들에게 알린다고 한다.

결혼하면 다이족 남자는 일정기간 처가살이를 해야 한다. 예전에는 1년까지도 했으나 요즘은 3개월 정도, 그보다 짧을 수도 있다고 한다. 기간이 짧은 것은 여자집이 아주 부자여서 도울 필요가 없다든지 남자가 외아들일 경우라고 한다.

결혼만큼 이혼도 자유로웠다. 이혼할 의사가 있으면 마을의 제일 웃어른을 모시고 닭 한 마리를 잡아먹는다. 남녀가 각각 닭다리 하나씩을 먹고 재산과 자녀를 어떻게 처리할까를 상의한다. 만일 여자가 간통하여 이혼할 경우에는 여자가 처음 결혼할 때 가져온 물건만 들고 나가야 한다.

다이족은 하니족만 빼고는 어느 민족과도 제한 없이 결혼한다고 했다. 하니족과는 왜 그렇게 됐느냐고 했더니 "하니족은 하꼬이기 때문"이라고 했다. "하꼬"가 무슨 뜻이냐고 했더니 "노예"라고 대답했다. 이 말을 듣는 순간 나는 뭔가 한 대 얻어맞은 듯 잠시 멍해지는 느낌을 받았다. 태국 북부에서도 같은 말을 들은 일이 있다. 태국에서는 아카족을 "이거"라고 했다. "이거"란 "아주 천한 노예"라는 뜻이라고 했다. 태국 북부의 아카족은 중국의 하니족에서 갈려나간 민족이다. 태국으로 넘어간 하니족을 아카족이라고 하는 것이다. 이제야 그동안 석연치 않았던 큰 매듭 하나가 풀리는 느낌이었다. 하니족은 주변의 모든 소수민족으로부터 천시 내지는 소외당하고 있는데 그 이유를 오늘 비로소 똑똑히 알게 된 것이다.

그렇다면 하니족은 언제 누구의 노예였단 말인가? 그 때 퍼뜩 내 머리에 떠오른 것이 삼국사기의 한 대목이었다. 패망하여 적국에 끌려간 고구려 유민들이 이 땅에서 받을 지위가 노예 이상일 수 있었을까? 그러나 나는 이 생각을 얼른 머리에서 지워버렸다. 그렇게 단정하기에는 아직은 위험한 속단일 수 있기 때문이었다.

시솽반나에는 넓은 들이 꽤 많이 있다. 그 농토의 대부분을 소유한 다이족의 기풍의례는 다른 민족과 다소 색달랐다. 벼를 심을 때면 날달걀, 색종이, 음식 따위를 차려가지고 절로 간다. 부처 앞에 놓고 빈 다음 논으로 가져가서 달걀껍질을 꼬챙이에 꽂아 죽 세워놓는다. 달걀껍질에 구멍을 조금 내서 속을 다 빼낸 다음 대나무 가지에 꿰어 놓는 것이다.

장법(葬法)에 대해 자세히 들었다. 사람이 죽으면 그날 돼지를 잡고 음식을 잘 차려서 동네사람들을 모두 불러 푸짐하게 먹인다. 남을 잘 대접할수록 저승에 가서 음식이 풍부하다고 믿기 때문이라고 한다. 시신은 하루만 두고 이튿날 바로 내간다. 내가기 전에 몸을 씻기고 새 옷을 입힌 다음 주머니에 은이나 금을 넣어 주는데 은이나 금은 재산 정도에 따라 많이 넣기도 하고 적게 넣기도 한다. 은이나 금을 넣어주는 것은 저승에 가서 쓸 재산이라는 생각에서이다. 은이나 금을 입에 넣어주는 풍습은 없느냐고 물었더니 입에 넣으면 말할 때 튀어나오기 때문에 주머니에 넣어준다고 했다. 다음에는 시신을 흰 천으로 잘 싼다. 그 위에 검은 이불을 덮고 다시 흰 이불을 덮는다. 염습(殮襲)이 모두 끝나면 입관을 한 다음 뚜껑을 덮는다. 그리고 뚜껑 하나를 더 가지고 가서 매장 후 그 봉분 위에 엎어놓는다고 한다.

다이족은 매장만이 아니라 화장도 겸해서 한다고 했다. 마을의 지정된 장소에 가서 나무를 포개놓고 시신을 올려놓은 다음 불을 지피는데 이 때 반드시 잊지 않고 정강이의 심줄을 끊고 배를 갈라놓아야 한다고 했다.

하니족 마을

따커처춤을 추는 하니족 남녀

여성의 화려한 옷차림.
손바느질로 일일이 꾸민 것임

화려한 남자의 옷차림.
명절이나 특별한 날에 입는다.

가장 귀한 음식으로 치는 닭백숙을 할머니가 손자들에게 나누어 주는 모습

멀리에서 본 반란촌의 초등학교

산 정상에 18집이 살고 있는 라후족 마을

악기소리에 맞춰 노래 부르는 라후족 청년들. 옷은 화려하나 남자 두 사람은 맨발이다.

한껏 멋낸 라후족 처녀

11. 다시 멍하이현(勐海县) 반란촌의 하니족(哈尼族) 그리고 라후족(拉祜族)

4월 4일 갔던 반란촌에 다시 갔다. 춤과 노래, 언어를 녹화하기 위해서였다. 남자 2명과 여자 6명이 전통복장을 차려입고 나와 마을 광장에서 노래하며 춤을 췄다. 첫 번째 춤은 하니족의 연가였다. 제목은 하니족 말로 '니가모미 바스까'이고 중국어로는 '칭거뛔이창', 한자로 쓰면 정가대창(情歌對唱)이다. 우리말로 옮기면 '서로 주고받는 연가'라는 뜻이다. 한참동안 노래하고 춤을 추다가 사랑이 맺어졌다는 뜻으로 남자는 여자에게 팔찌를 주고 여자는 남자에게 어깨에 메는 배낭을 주며 춤을 췄다.

두 번째는 연애하는 남녀의 춤인데 곡명은 하니족 말로 '미다테'라고 했다. 세 번째는 한쪽 다리를 걸고 도는 깽깽이를 했다. 나도 어려서 많이 했는데 이름은 하니어로 '앙꼬고기기'라고 했다. 네 번째는 두 사람이 죽어도 갈라지지 않는다는 순정가로서 곡명은 '니가 데시마고', 다섯 번째 곡명은 '드바차'로 설날에 마을 사람들이 모두 모여 같이 추는 단결무라고 했다. 여섯 번째는 '따커처', 긴 통대나무 6개를 벌렸다 붙였다 하는 사이사이를 뛰며 추는 춤이었다. 따커처는 우리 어렸을 때도 해본 것인데 대나무가 딱딱 부딪치며 내는 소리가 리드미컬해서 듣기에 아주 유쾌했다. 그 중의 가사 하나를 가이드가 번역해 주었다.

너랑 나랑 결혼해서 같이 살자
자식은 둘만 낳고 잘 살자
싸움에 졌다. 고향에 갈 수 없다
그네타기 하자
추우니까 옷을 두껍게 입어라
배고프니 밥 많이 먹어라

내가 북부 태국에서 소수민족들이 추던, 굵은 통대나무로 땅을 두드리는 춤은 출 수 없느냐고 했더니 그 춤 이름은 '이뻥뚜'인데 명절에만 추는 춤이어서 할 수 없다고 대답했다.

그 날 춤춘 대가를 물으니까 100위안이라고 대답했다. 시간은 얼마 안 걸렸지만 8명이나 나왔고 뜨거운 땡볕 아래에서 모자까지 쓴 정장차림으로 애쓴 것이 안 되어 2십위안을 얹어 120위안을 주었다.

우리는 서늘한 나무그늘로 자리를 옮겨 인터뷰를 시작했다. 발효식품에 대해 묻자 집안에서 무청같이 생긴 것과 된장 말린 것을 내왔다. 무청같이 생긴 것은 소금에 절여 익혔다는데 양념을 하지 않아 색이 푸르스름하고 맛은 약간 달고 짜고 시큼했다. 된장은 애기 손바닥만한 크기로 동글납작하게 빚어 채반에 말리는 중이었다. 콩을 삶아 일단 발효시켜 절구에 찧어 납작하게 빚어 말려두고 튀겨도 먹고 볶아도 먹는다고 한다.

내가 하니족의 절하는 모습을 한 번 보고 싶다고 하자 평시에는 하지 않지만 명절 때처럼 닭 한 마리를 잡으면 할 수 있다고 말했다. 나는 절을 보기 위해 쾌히 닭을 잡으라고 했다.

반란촌의 하니족도 다이족과의 결혼은 금하고 있었다. 망라오촌의 하니족처럼 감정적인 표현은 하지 않았으나 지금까지 다이족과 결혼한 사람이 몇 명 있는데 하나같이 아이를 낳지 못했다는 식으로 부정적으로 말했다.

닭 요리가 나와 절하는 모습을 볼 수 있었다. 닭은 쌀과 함께 푹 곤 백숙이었다. 이 백숙을 하니족은 가장 귀한 음식으로 친다고 했다. 둥근 상에 삶은 닭과 백숙 한 그릇을 올려놓았다. 그 집 할머니 앞에 상을 놓고 자손들이 한 줄로 죽 늘어섰다. 무릎을 꿇고 읍한 자세로 두 손바닥을 포개 내밀자 할머니가 차례로 닭고기를 뜯어 나누어주었다. 자손뿐만 아니라 주위 사람들, 심지어 우리에게까지 골고루 나누어주었다. 이 절차가 다 끝나자 자손들은 그대로 자리에서 일어났다. 이것이 절하는 격식이라는 것이었다.

먼저 왔을 때 빠뜨린 장법(葬法)에 대해 자세히 들었다. 관 모양은 태국 북부에서 사진으로 본 것과 비슷했다. 그림을 그리라고 했더니 꼬챙이로 땅에 그리는데 거의 흡사해 보였다.

사람이 죽으면 바로 산에 가서 나무를 해온다. 이때 모두 만가(挽歌)를 부르는데 반드시 죽은 사람의 맏아들이 선창을 해야 한다. 만가의 내용은 "하늘에 올라가 우리를 도와 달라"는 뜻이라고 한다. 이때 여자들은 모두 마을 제일 꼭대기에 있는 그네(하니족 말로 러쳐) 옆으로 올라간다. 그 곳에서 기다리다가 관재(棺材)를 짊어진 남자들이 오면 함께 약 30분간 만가를 부르고 내려온다.

관이 완성되면 옷을 입히고 관속에 담배와 곰방대 등 쓰던 물건들을 같이 넣어준다. 이때 죽은 사람이 여자면 쓰던 모자는 절대로 넣어주지 않는다. 대를 물려줘야 하기 때문이다. 입관이 끝나면 동네사람들이 모두 차례로 생달걀을 손가락에 찍어 죽은 사람의 입술에 묻혀준다. 이것이 죽은 사람에 대한 마지막 작별 의식이라고 한다.

하니족이 끓여 내온 닭백숙과 우리가 가지고 간 빵, 수박 같은 것을 상 위에 놓고 둘러 앉아 다함께 점심을 먹었다. 그 집 여자는 먼저 왔을 때도 노래를 잘 불러 인상이 매우 깊었다. 오늘 춤출 때도 남동생과 함께 제일 앞에서 시종 리드를 해 눈길을 끌었다.

나이가 40대라고 보기에는 다소 늙은 감이 없지 않았으나 차츰 관광화해 가는 그 마을에 어떻게 적응해야 하는지를 잘 아는 현명한 여자인 것 같았다.

이름이 영생이라고 하는 여자의 남동생도 재능이 넘치는 사람이었다. 그 청년은 춤을 잘 출 뿐만 아니라 음악성도 뛰어나서 못 부르는 노래가 없었다. 우리가 한창 식사를 하는 도중에 그들의 아버지라고 하는 60세쯤 된 남자가 계단을 밟고 올라왔다. 짧게 깎은 머리에 단정한 매무새가 어쩐지 지적 냄새가 물씬 풍기는 남자였다. 듣고 보니 그 남자는 하니족의 시인이라고 했다. 수십 편의 시를 지었고 그 시에 아들이 작곡을 했다고 한다.

영생은 노래에 거의 열광하고 있는 것 같았다. 식사 도중에도 끊임없이 노래를 불렀다. 재기 넘치는 그 청년에게 나는 짧은 시간에 깊은 친밀감과 애정을 느꼈다. 그의 영혼은 끊임없이 몸부림치고 있는 것 같았다. 이 상황을 이기려는 몸부림, 아무리 발버둥쳐도 벗어나기 어려운 덫을 의식한 날렵한 짐승처럼 땅을 긁으며 신음하는 것 같았다.

내가 아버지가 쓴 시의 내용이 어떤 것이냐고 묻자 그는 대체로 자기가 지금까지 부른 남녀의 연가(戀歌)나 산가(山歌) 같은 것이라고 했다. 나는 그에게 그런 것도 좋지만 하니족의 처지, 고통이라든가 슬픔 같은 것을 담은 내용을 쓰고 또 그것을 노래에 담으면 어떻겠느냐고 말했다. 만일 이들 부자가 그런 일을 하고 그것이 세상에 알려지게 된다면 하니족의 '천한 노예'라는 처지도 많이 바뀔 수 있지 않을까 생각되었다.

반란촌에서 산길로 30분가량 걸어 라후족(拉祜族) 마을로 갔다. 가구 18호, 주민 82명인 이 작은 마을은 해발 1천9백m 산 정상에 있었다. 우리를 안내한 사람은 영생과 그의 누님이었다. 영생은 곧장 자기 아버지와 의형제를 맺은 한 라후족 남자의 집으로 우리를 안내했다. 그 집에는 영생과 동갑이라는 처녀가 있었다. 영생과 처녀는 초등학교 동창이라는데 수줍어하면서도 반기는 처녀의 눈동자가 유난히 반짝였다. 나는 이들이 단순한 동창으로서가 아니라 이성으로서 서로 호감을 갖고 있다는 것을 직감했다.

내가 웃으며 만일 영생이 처녀와 결혼하고 싶으면 어떻게 하겠느냐고 했더니 영생은 라후족과 하니족이 결혼하는 것은 흔히 있는 일이라고 말했다. 라후족은 3년간 처가살이를 해야 하고 하니족은 여자를 바로 데려와야 하는데 그 문제는 어떻게 할 것이냐고 하니까 그런 경우에는 남자쪽 관습을 따르는 것이 통례라고 했다.

태국 북부에서는 라후족이 대체로 산중턱에 살고 하니족은 가장 조건이 나쁜 산꼭대기에 산다. 그러나 이곳은 그와 반대로 하니족이 대체로 산 밑에 살고 라후족은 산꼭대기에 살고 있었다. 그것은 어느 민족이 그 지역에 먼저 이주해 왔느냐에 따른 것인데, 이곳 시솽반나에는 오래 전부터 하니족, 부랑족 등이 자리 잡고 살았고 라후족은 훨씬 후에 흘러들어 왔기 때문이라고 한다.

처녀의 집에서는 주변의 산들이 모두 한 눈에 내려다보였다. 집은 한족 집과 구조나 형태가 같았고 지은 지 얼마 되지 않은 듯 판재와 각목 등 건축재들이 여기저기 흩어져 있었다. 처녀의 아버지는 생산대 대장이었다가 지금은 회계를 맡고 있다고 한다. 성격이 무뚝뚝하고 사교성이 없는 듯 묻는 말에만 겨우 한마디씩 대답해 우리를 무척 답답하게 했다. 이 마을은 왜 아래로 내려가지 않느냐고 묻자 처녀의 아버지는 산에 오래 살아 산이 좋기 때문이라고 대답했다. 전에는 '날라'라고 하는 아주 깊은 산 속에 살았는데 30년 전에 이곳으로 이주해왔다고 했다.

하니족과는 조상이 같다고 생각하고 있었다. 전설에 의하면 하니족과 라후족은 한 호리병박에서 나온 형제라고 한다. 그러나 언어는 많이 달라서 라후족은 하니족 말을 알아듣지만 하니족은 라후족 말을 잘 알아듣지 못한다고 한다. 마을에는 무당이 없고 공동 성소(聖所)도 없고 역사책도 없으며 역사와 관련된 전설이나 신화도 아는 것이 없다고 했다.

연애는 자유이나 아이를 낳고 결혼하는 일은 거의 없고 결혼할 의사가 있으면 술, 담배 등을 사가지고 여자의 부모를 찾아가 청혼한다고 한다. 결혼 후에는 반드시 3년간 처가살이를 해야 하는데 처가살이하는 도중에 헤어질 의사가 있으면 그냥 나가버리면 된다고 한다. 결혼생활 도중에 이혼하는 경우에는 남자에게 과오가 있으면 여자에게 재산을 나누어주지만 여자에게 과오가 있을 경우에는 아무 것도 주지 않고 내쫓는다고 한다. 라후족은 전에는 비교적 혈통을 지켰다고 한다. 그러나 요즘은 하니족, 한족, 다이족, 구별 없이 결혼한다고 했다.

몽고반점은 꼭 있고 애기 낳은 후 특별한 금기는 없다고 한다. 태국 북부 라후족은 문밖에 터부를 세워 잡인을 금했는데 이곳 라후족에게는 그런 풍습이 없었다. 그런가 하면 벼와 관련된 의례도 일체 없었다. 벼를 심을 때나 걷을 때나 어떤 의례도 금기도 없다고 했다.

이곳 라후족의 장법은 매우 독특하고 무자비했다. 사람이 죽으면 옷만 입혀 화장을 한다. 다이족은 마을 공동의 화장장에서 하지만 이곳 라후족은 가정마다 다르게 화장터를 잡는다고 한다. 화장은 아주 철저히 해서 조그만 뼈도 모두 태워버린다. 뼈가 남아 있으면 그 뼈가 호랑이가 되어 사람이며 개, 돼지를 모두 잡아먹는다고 믿는다. 그렇게 처리한 후에는 부모의 혼령도 집안에 모시지 않고 제사도 지내지 않는다고 한다.

지눠족의 BAPO촌

마을 입구. 종교적인 특별한 의미는 없는 것 같다.

건축양식이 독특한 지눠족의 건물

애기를 업고 있는 남자

베 짜는 여자의 모습

지눠족 남자들

12. 시솽반나(西双版納)의 지눠족(基諾族)

바나나밭과 고무나무밭이 줄을 이어 나타났다. 모두 경사 60도가 넘는 가파른 산비탈을 일군 밭이었다. 차창 밖으로 보기에 도대체 저런 곳을 어떻게 개간했을까 싶은 밭들이 많았다. 깎은 듯한 경사면도 모두 일구어 바나나나 고무나무를 심었다. 고무는 이곳 시솽반나의 주요 수출품 중의 하나라고 한다. 식목하고 6~8년 후부터 약 50년간 채취할 수 있다는 고무나무는 허리에 모두 둥근 사발 하나씩을 맹장처럼 매달고 있었다. 이 고무나무 밭은 대부분 한족(漢族)이 소유하고 있다고 한다. 시솽반나에서는 대체로 다이족(傣族)은 쌀농사, 한족은 고무 생산, 그 밖의 민족들은 차 생산을 담당하고 있다고 한다.

지눠족(基諾族) 마을 하나가 나타났다. 그러나 외관상 너무 현대화된 것 같아 좀 더 토속적인 마을을 찾아보기로 했다. 대부분 벽돌집이고 지눠족 고유의 문화는 사라진 지 오래인 것 같았다.

이 마을이 어떻게 해서 이렇게 부유하냐고 물었더니 위장병의 특효약인 샤런(砂仁)이라는 약초를 키우기 때문이라고 했다. 나는 태국 소수민족의 경우도 있고 해서 혹시 아편을 몰래 생산하고 있는 것이 아니냐고 가이드에게 넌지시 물었다. 그러자 가이드는 절대 그런 일은 있을 수 없다고 펄쩍 뛰었다.

중국의 아편 규제는 태국보다 훨씬 엄격한 것 같았다. 쿤밍에 있는 이층에 진열돼 있는 각종 아편 사범의 범죄 내용과 공판 내용만 보아도 알 수 있다. 더구나 1991년 쿤밍에서 36명을 한꺼번에 공개처형했다는 이야기를 듣고는 중국정부의 아편 근절의 의지를 확실히 읽을 수 있었다.

약 5km 정도 더 가자 길가에 'BAPO村'이라는 푯말이 선 마을이 나타났다. 조금 전에 본 마을에 비해 전통 생활양식을 그대로 지키고 있는 것 같았다. 전통 생활양식을 그대로 지킨다는 것은 현대화되지 않았다는 것이고 결국 우리는 가난한 동네만 찾는 꼴이 되었다.

지눠족은 한자로 基諾族라고 쓰고 영자로는 JINUO라고 표기한다. 태국 북부에 갔을 때 진허족이라는 민족을 본 일이 있다. 나는 혹시 그들이 이들과 동일 민족이 아닌가 생각했으나 전혀 다른 민족이었다.

대낮이어서 그런지 마을은 텅 비어 있었다. 물으니까 모두 찻잎을 따거나 밭을 갈려고 산에 갔다고 한다. 지금은 한창 화전(火田)을 준비할 때이다. 곧 우기인 5월이 되면 볍씨를 뿌려야 하기 때문이다. 이 고장은 깊은 산속이어서인지 화전을 계속하고 있었다. 그러나 아무 곳이나 태울 수 있는 것은 아니고 이 마을에 속한 영역, 즉 정부가 허용한 산에 한해 태울 수 있다고 한다. 화전을 일구어 4~5년쯤 쓰면 지기(地氣)가 다해 다른 곳으로 옮겨야 한다. 옆의 땅을 일구어 4~5년 쓰고 다시 먼저 땅으로 옮기는 식으로 계속 반복해야 한다고 마을의 한 남자가 설명했다.

어린아이 둘을 돌보고 있는 50세쯤 돼 보이는 남자가 인터뷰에 응해주었다. 우리는 어린아이를 어르는척하며 엉덩이를 슬쩍 살펴보았다. 두 아이에게는 모두 몽고반점이 없었다. 물으니까 있는 애도 있고 없는 애도 있다고 했다.

이 마을은 1966년에 생겼고 자꿔라는 산꼭대기에서 내려왔다고 한다. 그 자꿔에서 금은광산의 채굴권을 놓고 한패가 된 다이족, 한족과 지눠족이 싸움을 벌였는데 결국 패배하여 66년 이곳으로 이주하게 되었다고 한다.

주업은 쌀농사, 그 밖에 차를 키우고 앞의 마을처럼 위장약 샤런도 심는다고 한다.

다시 다른 곳으로 옮길 생각은 없느냐고 했더니 최근 중국 정부가 벌목법(伐木法)을 부쩍 강화시켰기 때문에 이제는 그것이 불가능하다고 대답했다. 나무 한 그루를 베면 벌금이 40~50위안이어서 마을을 옮긴다는 것은 도저히 상상할 수 없다고 했다.

지금까지 보고 느낀 것으로는 태국보다는 중국이 소수민족에 대해 훨씬 안정적인 정책을 쓰는 것 같았다. 그런데도 해마다 많은 사람들이 태국 쪽으로 이주해 가는 이유는 무엇일까. 아마도 그것은 아편 재배 때문이 아닐까 생각되었다. 아편 재배로 한 몫 보려는 사람, 또는 아편 중독자는 불가피하게 그 쪽으로 이주할 수밖에 없을 것이다.

지눠족에게 고유문자는 없었다. 기록된 역사도 없고 역사가 얼마나 됐는지, 뿌리가 어딘지조차 전혀 알지 못했다. 타 민족과의 장벽도 꽤 높은 것 같았다. 아직 다른 민족과 결혼한 일이 한 번도 없었고 하니족에 대해서는 거리가 워낙 멀기 때문에 전혀 아는 바가 없다고 잘라 말했다. 그러나 이상하게도 언어는 하니족, 라후족과 같은 계열로 느껴졌다.

이 민족의 신체상의 특징은 머리가 모두 약간씩 고수머리라는 것이었다. 색은 검은데 아이고 어른이고 모두 조금씩 고수머리였다. 자녀는 정부 방침에 따라 2명씩 낳고 있고 6학년 과정인 초등학교가 마을에 있다고 한다. 중학교에 진학하는 학생도 많고 1명씩이긴 하지만 고등학교와 대학교에 진학한 학생도 있다고 한다.

대학생은 쿤밍민족학원에 다닌다는 것으로 보아 내가 찾아갔던 그 곳에서 수업하고 있는 모양이었다. 중국 정부는 해마다 소수민족 중 우수한 학생 1명씩을 뽑아 국비로 교육을 시키고 있는데 그들은 교육을 마치면 도시에서 직장생활을 하거나 아니면 고향에 돌아가 교육을 담당한다고 한다.

연애는 비교적 자유롭고 전에는 결혼 전에 성관계를 가졌으나 지금은 많이 변해서 애 낳고 결혼하는 사람은 거의 없다고 한다. 결혼하면 그날부터 남자의 부모와 같이 사는 게 원칙이나 더러 분가를 해서 따로 사는 사람도 있다고 한다. 전에는 부모 형제가 모두 모여 대가족으로 살았지만 지금은 차츰 핵가족화 하는 경향이라고 한다.

애를 낳으면 대나무로 만든 스타 심볼과 꽃을 13일간 문에 꽂아 잡인의 출입을 일체 금한다고 한다. 전부터 일부일처제였고, 전에는 이혼을 자유롭게 했으나 지금은 법원의 결정에 따른다고 했다.

우리가 인터뷰하는 동안 마을 여자 서넛이 차례로 무슨 일인가 호기심을 보이며 들어왔다. 그러나 바쁜 일을 제쳐놓고 구경할 일은 아니라는 듯 곧바로 등을 돌리고 나갔다. 그들은 하나같이 전통복장이 아닌 바지에 블라우스 차림이었다. 내가 전통복장 입은 모습을 좀 촬영하고 싶다고 하자 그들은 똑같이 고개를 젓고 냉정하게 사라졌다.

집마다 대문에 선인장이 하나씩 걸려 있는 것이 보였다. 선인장이 벽사의 재료로 쓰이는 것은 동남아 전역의 일반적인 현상인 모양이다. 우리는 예전에 대문 상인방에 엄나무 가지를 매달아놓았다. 가시가 많은 엄나무 가지를 매다는 것이나 선인장을 매다는 것이나 크게 다름이 없어서 이 공통성이 퍽 흥미를 끌었다.

마을 공동의 성소(聖所)나 제장(祭場)은 없고 정초가 되면 마을 사람들이 모두 모여 물소와 돼지를 잡아 성대한 잔치를 벌인다고 한다.

장법은 보통 토장(土葬)이고 팔다리가 붓는 병으로 죽었을 때는 화장한다고 한다. 지금은 이 병을 거의 찾아볼 수 없지만 예전에는 아주 흔한 병이었다고 한다. 사람이 죽으면 입던 옷을 빨아 입히고 흰 천으로 싼다. 그리고 양손에는 삶은 달걀을 쥐어준다. 이것은 살아서 마음껏 먹지 못한 것에 대한 위로의 의식이라고 한다.

쌀이나 은(銀)을 입에 넣어주는 일은 없고, 관을 내가기 전에 제사를 지내는 사람이 있는가 하면 지내지 않는 사람도 있다고 한다. 비석은 세우지 않고 봉분은 둥글게 만들며 매장 후 3일간 연속 찾아간 다음에는 일체 돌보지 않는다고 한다. 조상신(祖上神) 역시 모시지 않아 죽으면 아주 망각되는 풍습이었다.

한족식집과 다이족식집이 섞여 있는 마을

맷돌, 굵은 통나무를 파서 만든 받침대가 흥미롭다.

애틋한 모성애가 보이는 엄마와 아기

세워놓고 짜는 베틀이 매우 독특하다

씨아를 돌려 목화씨를 빼는 모습

의복이 독특한 한다이족 여자

한다이족 소녀들

베 짜는 모습

13. 만농간(曼濃干)의 한다이족(旱傣族)

지눠족을 보고 돌아오는 길에 한다이족(旱傣族) 마을에 들렀다. 가구 55호, 주민 285명, 별로 크지 않은 마을이었다. 한다이족의 한자는 旱이라고도 쓰고 漢이라고도 쓰는데 漢을 쓰는 것은 그만큼 한족화(漢族化)되었다는 뜻이라고 한다.

마을 이름은 만농간(曼濃干). 가옥은 한족식과 다이족식이 섞여 있었다. 어떤 집은 안채가 한족식이고 곳간은 다이족식으로 지은 것도 있었다.

여자들의 옷차림이 매우 기이했다. 머리에는 하나같이 시커먼 수건을 두껍게 두르고 치마는 그들이 직접 베틀에 짠 우중충한 무명을 둘렀다. 다른 민족은 아기자기하고 화려하게 입는 데 비해 무미건조하고 어둡기 짝이 없었다.

마을 안쪽으로 들어가자 집집마다 베를 짜느라 야단이었다. 집 앞에 처마가 길게 나와 있고 그 아래 베틀이 차려져 있었다. 이상하게도 넓고 긴 광장을 사이에 두고 빙 둘러 앉듯 베틀이 놓여 있었다. 그 안에서 여자들은 서로 바라보며 마치 경쟁을 하듯 베를 짜고 있었다. 씨아를 돌려 목화씨를 빼는 사람, 물레를 돌려 실을 잣는 사람, 베틀에 앉아 베를 짜는 사람, 모두 여념이 없었다.

이들이 짜는 베는 주로 그들의 의복감과 시장에 내다 팔 상품이라고 한다. 무명을 그대로 희게 짜기도 하고, 검은 바탕에 붉고 푸른 무늬를 놓아 짜기도 했다. 또 상품으로 인기가 있는 배낭을 제조할 베는 대단히 밝고 화려하게 짰다.

한다이족 여자들은 자수보다는 직조에 능한 것 같았다. 가령 하니족 여자들이나 야오족 여자들이 눈공을 들여가며 한 땀 한 땀 수를 놓고 있는 동안 한다이족 여자들은 베틀에서 쉽게 무늬를 놓는데 이것은 어떤 면에서는 아주 능률적이고 경제적으로 보였다.

다이족(傣族)도 마찬가지였다. 직조로 무늬를 놓지 하니족이나 야오족처럼 손으로 일일이 수를 놓지 않았다. 그러나 반면 아름다움이나 화려함에 있어서는 자수보다 훨씬 떨어졌다. 쉽게 만드는 것에서 가치를 느끼지 못하는 것은 동서고금 어디나 마찬가지인 모양이다.

한다이족은 다이족과 문자도 비슷하고 언어도 거의 같아서 본래는 동족이었을 지도 모른다는 설이 있다. 그런데도 현재 그 두 민족의 생활양식이나 건축양식, 종교는 너무나 차이가 많았다. 집 모양은 앞에서도 말한 대로 한족식에 가깝고 종교는 다이족이 100% 불교신자인데 반해 한다이족은 100% 자연신(自然神) 신봉자였다. 게다가 다이족은 오랜 세월 지배자로 군림해 왔으나 한다이족은 피지배자여서 그런지 경제적인 면에서 엄청난 차이가 느껴졌다.

한다이족은 문자는 있으나 역사기록은 없다고 했다. 본래는 있었으나 깊은 산속 징구현(景谷县) 푸월이라는 곳에서 약 60년 전에 이 마을로 옮겨올 때 다 없어졌다고 한다. 무슨 말인지 잘 납득할 수 없었으나 아무튼 그들의 주장이 그랬다. 민족마다 역사기록에 대해서는 개가 뜯어먹었다느니, 홍수에 떠내려갔다느니, 배가 고파 모두 먹어버렸다느니 이상한 소리들을 하는데 왜 그런 말들을 하는지 잘 이해가 되지 않았다. 그냥 간단히 없었다고 하면 안 되는 건가, 민족의 기록이 없는 것을 수치스럽게 여기는 건가, 아니면 정말 그들이 말하는 방식대로 없어진 건가, 알 수 없는 일이었다.

몽고반점은 없었고 언어의 어순도 우리와 달랐다. 생업은 농업과 길쌈인데 농업은 밭이나 논에 벼를 심는 것이고 길쌈은 목화를 심어 무명나이를 하는 것이었다. 남녀가 하는 일이 달라서 남자는 주로 농업에 여자는 길쌈에 전념한다고 했다.

문화대혁명 전에는 일부다처제였으나 지금은 일부일처제라고 한다. 자녀는 현재 둘만 낳고 애기 낳을 때 다이족과 달리 특별한 금기는 없으나 다만 낳은 후 3일간 잡인을 금한다고 한다. 그러나 문에 금줄이나 스타심볼 같은 신물을 걸어놓는 일은 없다고 했다.

마을에 절은 없고 초등학교가 있으며 대부분 중학교 과정까지의 의무교육은 마친다고 한다. 현재 대학생이 둘이며 얼마 전 대학을 졸업한 사람이 있는데 마을에 돌아와 학교에서 학생들을 가르치고 있다고 한다.

연애는 자유이고 남자가 여자와 결혼할 의사가 있으면 여자 집에 돈을 준다고 한다. 이것은 한족과 같은데 한다이족에게는 한족과 비슷한 풍습이 많다고 한다. 돈은 100위안 정도, 많지 않은 액수이지만 결혼비용 또한 일체 남자가 전담해야 하기 때문에 부담이 적지 않다고 한다.

다른 민족과의 결혼에 제약은 없으나 주로 다이족과 하고 있으며, 결혼 전에 성관계는 가질 수 없다고 한다. 결혼하면 당일로 신부를 데려오고 부모와 살든지 분가해 살아야 한다. 그러나 대부분 한다이족은 부모를 모시고 한 집에 산다고 한다.

이혼은 친척들이 모여 상의한 후 동의하면 결정하고 재산은 어느 쪽이든 이혼을 제기한 사람이 적게 가진다고 한다.

한다이족은 산신(山神)을 믿고 있었다. 산신제는 음력 정월 초하루, 결혼할 때, 병이 났을 때 돼지, 닭, 소 등을 가지고 올라가 지낸다고 한다. 마을 뒷산에 있는 큰 나무도 모시는데 그 아래 놓인 큰 돌은 전에 살던 마을에서 가지고 온 것이라고 한다. 앞으로 만일 다른 곳으로 간다면 그때도 가지고 갈 것이라고 했다.

문화대혁명 전까지는 이 마을에도 무당이 있었다고 한다. 닭의 피로 병명을 아는 사람, 삶은 달걀 속을 보고 병의 상태를 알아내는 사람 등이 있었으나 혁명 후에 모두 사라졌다고 한다.

벼 심을 때 의례는 따로 없고 벼 걷을 때는 간략한 의례가 있다고 한다. 벼가 다 익으면 생닭을 가지고 논이나 밭으로 나간다. 닭을 공중에 몇 번 휘휘 돌린 다음 집에 가지고 와서 잡아먹는데 이것은 벼의 혼령을 모두 데려온다는 뜻이고 또 개중에는 벼이삭을 잘라다 곳간 안에 걸어 두는 사람도 있다고 한다. 내가 '벼의 혼령이 있다고 믿느냐'고 했더니 우리와 인터뷰한 촌장은 '그렇다'고 분명하게 고개를 끄덕였다.

사람이 죽으면 하루 동안 집에 두었다가 이튿날 바로 내간다고 했다. 새 옷으로 갈아입히고 흰 천으로 싼 다음 은을 입에 넣어준다. 그리고 쌀이나 콩을 삶아 죽은 사람의 주머니에 넣어준다. 염이 다 끝나면 관에 넣어 마을에서 지정한 화장터에 내다 태운다. 타고 남은 뼈는 천에 싸서 땅에 묻고 비석을 세운다. 흙으로 둥글게 봉분을 하고 청명절에 반드시 찾아간다. 집안에 조상을 모시고 설이라든지 명절 때 제사를 올린다. 조상이 받는 밥상과 탁자가 따로 있다고 한다.

가난한 와족 마을

문 위에 붙인 액막이 저꾸이.

아들을 안고 활짝 웃는 여인

와족여인의 머리장식

14. 멍저향(勐遮鄕)의 와족(佤族)

징훙시(景洪市)에서 오전 8시 반에 출발하여 멍하이(勐海)를 지나 곧장 동쪽으로 달려 오전 11시경 마침내 멍저향(勐遮鄕) 와족(佤族) 마을에 도착했다.

한 눈에도 비참할 정도로 가난한 마을이었다. 가난해도 삶의 의욕 같은 것이 비치는 마을이 있는데 이곳은 그런 것이 전혀 보이지 않았다. 마을이 너무 작아서인지 촌명조차 없이 그냥 '와족촌'이라고 불렀다.

땅에 붙듯 납작한 초가집, 처마는 왜 또 그리 낮은지 허리를 한껏 굽히지 않고는 들어갈 수 없었다. 대나무로 만든 스타심볼, 짚으로 꼰 금줄, 선인장 등 신물(神物)이 문마다 붙어 있었다. 문만 아니라 집 네 귀퉁이에도 붙어 있고 마치 그것을 연결이라도 하듯 금줄이 빙 돌려 쳐져 있었다. 집안에도 여기저기 신물들이 걸려 있었다. 대나무로 엮은 것, 특히 벼를 묶어 매단 것이 눈길을 끌었다. 태국에는 벼 묶음이 흔한 것이지만 이곳에서는 처음 보는 것이었다.

우리가 찾아간 것이 그 마을에서는 대사건인 듯 아이 어른 할 것 없이 쏟아져 나와 울타리를 쳤다. 떨어진 옷, 커다란 눈망울, 이마에서부터 뻗은 우뚝한 콧날, 전체적으로 풍기는 인상이 이란이나 이라크 등 중동계로 느껴졌다. 어린아이를 어르는 척하며 엉덩이를 살펴보았더니 몽고반점이 없었다.

그들은 문에 건 신물을 '저꾸이'라고 했다. 집안에 좋지 않은 일이 있거나 병자가 있으면 건다는데 거의 없는 집이 없었다. 20호, 인구 102명, 아주 규모가 작고 초라한 마을이었다.

이곳에 정착한 지는 26년, 란창(瀾滄)에서 이주해 왔다고 한다. 란창에서는 아주 큰 마을에 살았는데 그 중 일부만 나온 것이라고 한다. 와족의 조상은 현재의 창위안와족 자치현(沧源佤族自治县)에서 시작되었다고 믿고 있었다.

마을 안에 학교는 없고 아이들은 약 4km 떨어진 다른 마을로 다닌다고 한다. 중학교는 지금까지 6명이 졸업했고 현재 2명이 다니고 있으며 고등학생이나 대학생은 없다고 했다.

고유문자는 없고 고유 언어는 있었다. 말이 어느 민족과 가장 유사하다고 생각하느냐는 질문에 부랑족(布朗族)과 20% 정도 같고 라후족과는 한마디도 통하지 않는다고 했다. 그리고 덧붙여 자기네 말은 너무 힘이 들어 혀가 잘 돌지 않는다고 했다. 김치, 된장 같은 발효식품을 먹고 주식은 쌀이라고 했다.

연애는 옛날부터 비교적 자유로웠으나 한 번 결혼하면 일부일처제를 엄격히 지킨다고 했다. 결혼하면 신랑은 당일로 신부를 데려오고 신부 집에 금전 따위를 지불하는 관습은 없으며 형편에 차이가 많을 때는 도와주는 정도라고 했다. 전에는 결혼을 와족끼리만 했으나 최근에는 제한이 없다고 한다. 아이는 현재 셋까지 낳을 수 있고 중국 정부에서 자녀 셋을 허용한 민족은 와족과 지눠족, 모수족 세 민족뿐이라고 했다.

출산은 아무 곳에서나 할 수 있고 금기가 전혀 없어 출산한 날은 오히려 외부 사람이 찾아오는 것을 경사로 안다고 했다. 출산한 날부터 한 달간 제일 먼저 방문한 사람을 무조건 양부모로 정하는 관습은 다이족과 흡사했다.

아들, 딸 차별은 없고 이혼은 자유롭지 않아 100명 중에 하나 있을까 말까하고, 이혼을 극단적으로 금기시해서 만일 사이가 벌어지거나 잘못이 있을 때는 가르쳐가면서라도 살아야 하는 것으로 되어 있었다. 그래도 안 되어 꼭 이혼을 해야 할 경우에는 이혼을 제기한 사람이 결혼 전부터 현재까지의 비용 일체를 변상해야 한다. 또 여자가 간통을 했을 때는 여자가 일체를 변상해야 하고 여자에게 그만한 재산이 없을 때는 간통한 남자가 책임을 져야 한다. 옛날에는 여자가 밖에서 간통했을 때는 여자를 죽이기도 했다고 한다.

장법(葬法)은 화장(火葬)과 토장(土葬) 두 가지가 다 있었다. 사람이 죽으면 먼저 옷을 입히고 흰 천으로 싼다. 부자는 은이나 금을 입속에 넣어주고 태어난 해에 따라 토장으로 할 것인가 화장으로 할 것인가를 결정한다. 보통 돼지띠와 범띠는 화장했는데 돼지는 사람에게 잡아먹히고 범은 사람을 잡아먹기 때문에 불길한 동물로 쳐서 그런 것이라고 한다.

묘는 길게 봉분으로 하고 비석은 세우지 않는다고 한다. 성묘는 일체 가지 않고 청명(清明)조차 지키지 않으며 조상을 집에 모시는 법도 없는데 유일하게 이사할 때만 조상을 모신다고 한다. 모실 때 특별한 형식은 없고 새 집으로 모신다는 뜻으로 간략히 인사를 하는 것으로 끝인다고 한다.

마을 사람들이 함께 하는 행사 같은 것은 없고 오직 하루 정월 초에 오후부터 이튿날 새벽까지 마을 사람들이 모두 성장을 하고 나와 춤을 추고 논다고 한다. 이것은 한족에게 배운 것으로 본래 이 민족에게 있던 풍습은 아니라고 했다.

기풍의례는 없고 추수감사제는 있었다. 벼가 거의 익어갈 무렵이면 여자가 새벽 일찍 밭으로 나가 이삭 3~4개를 따서 배낭에 넣어가지고 온다. 오는 도중 누구와도 말을 나누어서는 안 되고 그 날 하루 집에서 이삭을 재운다. 이튿날 벼이삭을 방 한 귀퉁이에 걸고 그 앞에 돼지고기, 닭고기 등으로 상을 잘 차려 놓는다. 이것은 벼를 제일 첫 자리, 중요한 자리에 놓는다는 뜻이라고 한다. 이 날 짓는 밥은 묵은 쌀로 하되 반드시 햅쌀 3알을 떨어뜨려 섞어 짓는다. 그리고 제사가 끝날 때까지 일체 외부 사람이 들어오지 못하게 한다. 이상의 모든 것은 그들이 지금도 해마다 하고 있는 의례라고 했다.

이들 민족에게는 듣기에도 무시무시한 전설이 전해지고 있었다. 옛날 와족은 벼농사를 지을 줄 몰랐다. 한족(漢族)에게 가서 볍씨를 좀 구하려고 하자 심술 사나운 한족은 술 빚고 남은 찌꺼기를 볍씨라고 주었다. 와족이 집에 돌아와 땅에 심고 정성껏 가꾸었지만 씨앗은 나오지 않았다.

이듬해 와족은 다시 한족을 찾아가 부탁했다. 한족은 또다시 계략을 써서 볍씨 심을 때마다 사람 머리 하나씩을 밭머리에 걸어야 싹이 난다고 일러주었다. 그리고 이번에는 정말 싹이 날 수 있는 성한 볍씨를 주었다. 와족은 한족의 계략인 줄도 모르고 사람 머리 하나를 잘라 밭머리에 꽂고 볍씨를 심었다. 얼마 있자 과연 싹이 트고 와족은 그때부터 해마다 사람 머리를 밭머리에 걸게 되었다.

그러나 사람 머리를 해마다 구한다는 것은 그렇게 쉬운 일이 아니었다. 마을에서 차례로 한 집씩 배당을 해서 구하다가 마침내 꾀를 내었다. 배당 받은 집 식구들을 앞세우고 마을 사람들이 큰길로 나갔다. 벼를 한 줌 길에 놓고 지나가는 사람 중 제일 먼저 그 벼를 보는 사람을 잡아 죽였다. 이때 얼굴에 수염이 많이 난 사람일수록 길하다고 생각했다는데 이는 아마도 수염을 벼의 뿌리와 동일시한 생각에 근거한 것이 아닌 가 추측된다.

이 이야기를 들려 준 사람은 이 풍습이 단순한 전설이 아니라 실제로 있었던 일이라고 몇 번이나 강조했다. 그러나 누가 들어도 비현실적인 그 이야기를 액면 그대로 받아들일 사람은 아무도 없을 것이다. 그런데도 불구하고 그 안에는 결코 버릴 수 없는 중요한 단서 몇 가지가 있는 것을 부인하기 어렵다.

첫째, 이들의 조상은 본래 농민이 아니라는 것이다. 농민이었다면 벼 심는 법을 구태여 한족에게서 배울 필요가 없었을 것이기 때문이다. 둘째, 본래 중국 땅에 거주한 민족이 아니라 훨씬 후에 흘러 들어온 이주민일 것이라는 것이다.

위와 같은 단서로 해서 다음과 같은 결론을 유추해 낼 수 있다. 그들은 정착 과정에서 한족과 마찰을 빚었을 것이고 그 적대관계에서 위와 같은 이야기가 만들어졌을 것이다. 그들은 그 골격이나 인상으로 보아 이란이나 이라크, 파키스탄 어디쯤의 유목민이 분명해 보이는데, 이는 간통한 여인을 죽였다는 풍속이 한층 확실한 증거로 뒷받침한다.

| 멍라진 마등촌의 하니족 |

새를 다루고 있는 남자

하니족 마을. 멍라진 마등촌

곳간

하니족 남성들

관. 죽은 사람이 태어나기 전으로 돌아간 상태를 표현한 것

관의 측면

하니족 여자

하니족 여자의 뒷모습

15. 멍라진 마등촌(勐腊鎮么等村)의 하니족(哈尼族)

멍라진 마등촌(么等村)은 하니족 마을이지만 반란촌과는 복장이 다르다고 하여 찾아갔다. 어제 밤부터 내린 비가 마을에 도착했을 때까지도 가끔씩 흩뿌렸다. 중국에 와서 줄곧 맑은 하늘만 보다가 처음으로 비를 보니 느낌이 새로웠다. 더구나 가물대로 가문 시솽반나의 비는 온갖 초목과 동물들에게 그야말로 생명의 은총이나 다름이 없었다.

그러나 우리의 작업에는 비가 절대 금물이었다. 사진도 찍을 수 없거니와 우선 산마을이라는 것이 하수시설이 돼 있질 않아 돌아다니기가 여간 불편하지 않았다. 마등촌(么等村)에는 관광객이 꽤 찾아오는 듯 마을 입구에 방갈로며 식당이 차려져 있었다. 물으니까 외지 사람이 마을의 토지를 임대해 장사하는 것이라고 했다. 1년에 임대료 인민폐로 1만 위안, 식당은 다이족식 이층집이었다.

계단으로 올라가자 주인이 반색을 하고 달려 나왔다. 이 식당은 완전히 개인 경영이라고 한다. 개인이 버는 만큼 가질 수 있는 우리 자본주의 사회와 똑같은 형식이기 때문에 주인의 태도가 이처럼 다른 것이다.

가이드는 시장바닥에 가도 중국인이 직접 운영하는 식당만을 찾았다. 왜 개인이 운영하는 식당만을 찾느냐고 물었더니 "그래야 깨끗하고 음식이 맛있기 때문"이라고 대답했다. 그래서 그런지 국영식당은 항상 파리를 날리고 있었다.

식당에는 이곳 사람들이 즐겨 쓰는 작은 의자와 밥상이 한쪽에 쌓여 있었다. 주인이 우리에게 하니족 춤을 보며 식사할 수 있다고 하여 준비하라고 이르고 우리는 식당을 나와 마을로 올라갔다. 마을 입구에는 비가 와서 그런지 젊은 사람들이 수십 명 몰려서

서 왁자지껄 떠들고 있었다. 애를 업은 사람, 빈둥대며 서있는 사람, 그 한쪽에서는 대여섯 명이 트럼프놀이를 하며 가끔씩 고함을 질러댔다.

촌장은 마침 수박 값을 받으러 외출하고 없었다. 청년 한 사람이 우리를 마을 회계의 집으로 안내했다. 중국의 농촌에는 마을마다 촌장과 회계가 한 사람씩 있었다. 회계는 실무를 맡은 말하자면 우리의 총무와 같은 것이다. 우리를 맞은 회계는 오십이 좀 넘었을까, 작달막한 키에 꼭 우리 농촌 아저씨 같은 인상이었다. 거실에 오르니까 흔히 볼 수 없는 신식 가구가 놓여있고 한쪽에는 등나무 소파까지 배치되어 있었다.

마을은 모두 64호, 인구는 380명, 4학년까지 수업하는 학교가 하나 있고 마을 입구의 젊은이들은 비가 와서 일을 나가지 못한 것이라고 했다. 중국의 농촌은 어느 곳이나 토지차임제(土地借賃制)이다. 토지차임제란 토지소유자는 국가이고 농민은 그 토지를 빌려 농사를 지은 다음 일정량을 나라에 바치는 제도이다.

청년들은 취업률이 낮기 때문에 바쁜 농번기에는 부모를 도우나 보통은 빈둥거리며 논다고 한다. 전에 만난 반란촌의 영생도 무엇이 가장 필요하냐고 묻자 '취업기회'라고 대답했었다.

마을의 주택은 거의가 다이족(傣族) 식이었다. 목재로 몸체를 세우고 기와를 얹거나 띠를 덮었다. 반자를 하지 않아 집안에서 지붕의 기와가 그대로 올려다보였다. 취사는 반드시 이층에서 하기 때문에 천정 한 쪽은 어느 집이나 새까맣게 그을려 있었다.

마을은 1967년에 생겼다고 한다. 그 곳에서 두세 시간 걸어 올라가는 산꼭대기에 살았는데 정부에서 이곳에 땅을 주고 전기 시설을 해주어 내려왔다고 한다. 소수민족이 산에 살면 나무를 베고 불을 질러 생태계를 파괴하기 때문에 정부가 이런 정책을 펴고 있다는 것이다.

산에서 내려올 때 정부는 이들에게 농토를 300무씩 할당해 주었다고 한다. 1무(畝)

는 30평으로 약 9,000평에 해당된다. 그러나 이 300무의 농토는 그 후 홍수에 많이 유실되어 현재는 200무 밖에 남지 않았다고 한다. 우리가 마을을 다시 다른 곳으로 옮길 의사가 있느냐고 물었더니 회계는 당치도 않다는 듯 고개를 세게 흔들었다. 이제는 더 이상 갈 곳도 없고 또 갈 수도 없다고 했다. 그동안 조사하면서 느낀 것은 소수민족들이 대개 이와 비슷한 생각을 갖고 있다는 것이었다. 그들에게 우대정책을 쓰면서 사실상 법에 순종하도록 하는 중국정부의 정책은 확실히 한 차원 높은 것이라고 생각되었다.

지금까지는 마을 인구가 계속 늘어나는 추세였다고 한다. 인구가 적다고 특별히 자녀 셋을 허용했기 때문인데 금년부터는 둘로 바뀌었다고 한다. 나는 중국이 지금처럼 개혁개방 정책을 계속 쓴다면 언젠가는 이 소수민족 마을에도 노인들만 남게 될 것이라고 생각했다. 산업화, 공업화가 본격적으로 추진되면 젊은이들은 모두 도회로 나갈 것이고, 그렇게 되면 생활조건이 나쁜 소수민족 마을은 자연히 자연 해체될 것이기 때문이다.

윈난성박물관 설명 패널이나 기타 자료에는 이들을 반드시 하니족(哈尼族)이라고 표기한다. 그러나 시솽반나에 내려와 보니까 하니족이란 말은 거의 쓰지 않고 모두 아이니족이라 부르고 있다. 다시 정리하면 다음과 같다. 태국에서 아카족이라고 하는 민족은 중국에서는 두 가지로 불린다. 윈난성 일대에서는 하니족이라 하고 시솽반나 지역에서는 아이니족이라 하는 것이다.

이 마을 하니족의 조상들은 본래 쿤밍 남쪽 홍허(紅河) 부근에서 살았다고 한다. 얼마 후 모장(墨江) 쪽으로 옮겼으나 산이 많고 토질이 좋지 않아 다시 이 곳 시솽반나로 이주하게 되었다고 한다. 시솽반나의 산은 우리 한국과 달리 돌이 전혀 없다. 아무리 깎아지른 경사지라 해도 나무를 잘라내고 일구면 비옥한 밭이 된다. 이런 조건이 아마도 소수민족들로 하여금 이곳으로 모여들게 하는 원인이 되었을 것이다.

회계는 하니족 조상은 사냥하고 밭벼를 심었을 것이라고 말했다. 그 까닭은 지금도 그렇게 살고 있기 때문이라는 것이다. 그렇다면 내가 태국 북부에서 이들 조상은 어쩌면 수도경작을 했을 지도 모른다고 한 것은 잘못된 생각이었나?

그는 하니족은 사냥을 대단히 즐기는 민족이라고 했다. 그 말만을 근거로 한다면 이들은 어쩌면 수렵민이라고 해야 옳을는지도 모른다. 그러나 만일 그렇다고 한다면 태국 북부 아카족의 도령신앙(稻靈信仰)은 어떻게 설명해야 옳은가. 집안에 성주독을 놓고 마당에 쌀 담은 단지를 모셔놓는 도령신앙은 대체 어떻게 해석해야 하는가, 난감한 일이 아닐 수 없었다.

이들에게도 도령신앙의 흔적은 조금 남아 있었다. 문화대혁명 이후 모두 사라져버렸지만 전에는 벼 심을 때면 밭에 작은 집을 만들어놓고 음식을 차려 제사를 올렸다고 한다. 또 추수 때가 되면 집집이 벼이삭 3개씩을 잘라다가 집안에 걸고 닭 잡고 음식 차려 아버지인 하늘과 어머니인 땅에게 감사를 올렸다고 한다.

태국 북부 아카족에게서 아주 인상 깊게 보았던 성주(城主)는 이곳에서는 찾아볼 수 없었다. 그러나 대신 집 지을 때 하는 일종의 의식은 이곳에서도 지켜지고 있었다. 집의 가장 중심이 되는 가운데 기둥을 세우면 개 한 마리와 흰 닭 한 마리를 잡아 피를 그 기둥 밑에 쏟아 붓는다. 그리고 그 기둥에는 조상이 머문다 하여 일 년 중 밭 일굴 때, 볍씨 뿌릴 때, 이삭 팰 때, 꽃 폈을 때, 수확할 때 등 모두 일곱 번 상을 차려 놓고 빈다.

이것은 조상(祖上)과 성주의 결합을 의미하는 것으로 근원적으로 우리 민족의 성주 개념과 일치하는 것이다. 우리도 성주는 집지킴이 신(神)이며 동시에 그 집 가장(家長)의 신이기 때문이다.

이 마을에서도 문화대혁명 전까지는 장승과 솟대와 그네를 세웠다고 한다. 둘은 사람들이 드나드는 곳에, 나머지 하나는 죽은 사람을 내가는 전용도로에 세웠다고 한다.

죽은 사람과 산 사람의 공간을 구획하는 것은 우리에게도 있는 관념이다. 이것이 아시아 민족의 보편적인 관념인지 아니면 하니족과 우리만의 관념인지는 아직 확인하기 어렵다.

솟대와 장승은 태국에서와 마찬가지로 '레컹'이라고 했다. 그네는 '라처'라 했고, 몽고반점에 대해 물으니까 있다고 확실히 대답했다.

전에는 아들을 선호했으나 지금은 구별 없이 정부 방침에 좇아 낳는다고 한다. 이 마을 사람들도 선조의 이름을 외우는 관습이 있었다. 아들이 없으면 죽은 후에 이름 불러줄 사람이 없을 텐데 어떻게 하느냐고 물었더니 '할 수 없다'고 대답했다. 사위에게 부탁하느냐고 했더니 사위는 자기 선조가 있으니 그럴 순 없고 혹 양자를 들일 수는 있다고 했다.

회계는 조상의 이름을 10대까지 외울 수 있다고 한다. 방식은 위에서부터 차례로 자기 대까지 외우는 것이다. 조상의 이름은 다음과 같았다. 아오죠보, 보릉, 릉다, 다탕, 탕츄, 츄베, 베드, 드양, 양퀘, 퀘송.

조상의 이름을 암송하는 것은 설 명절 때, 집 지을 때, 집 옮길 때, 장례 치를 때 등이라고 한다. 하니족이 조상의 이름을 부르는 것은 일종의 조상을 모시는 의식이라고 한다. 이사 간 집에 혹은 새로 지은 집에 빠짐없이 조상을 청한다는 뜻인데, 단 장례를 치를 때만은 죽은 사람의 아버지부터 부른다고 한다. 가령 아버지가 세상을 뜨면 닭과 돼지를 잡고 상을 차려놓은 다음 할아버지 이름부터 부르고 다음 죽은 아버지 이름, 그리고 본인의 이름을 외운다. 그 이유는 당신의 자손이 지금 찾아가니 잘 좀 돌보아 달라는 뜻이라고 한다. 이렇게 조상의 이름을 외우는 것은 지금까지 조사한 바로는 하니족 밖에 없었다. 이 독특한 풍습이 무엇을 뜻하는지는 앞으로 좀 더 연구해야 할 과제라고 생각되었다.

고유문자는 물론 없고 역사 기록 역시 없었다. 옛날, 아주 옛날 하늘에서 한 사람이 떨어져 하니족의 조상이 되었다는 신화가 있다고 한다. 다른 민족과의 관계는 최근에 와서는 거의 벽이 없다고 한다. 그러나 이 마을로 이주하기 전 산꼭대기에 살 때는 다이족이나 한족을 만나면 무서워 숨어버렸다고 한다.

결혼은 원칙적으로 하니족과 하지만 최근에는 다이족이나 그밖에 어느 민족과도 제약을 두지 않는다고 한다. 라후족에 대해 묻자, 듣기는 했으나 아직 본 일은 없다고 하고 지눠족과는 어쩌다 한두 마디 알아들을 뿐 의사소통이 전혀 안된다고 했다.

집의 구조를 자세히 살펴보니 본래는 남녀의 출입문이 각기 다른 구조였는데 다이족(傣族)식으로 바뀌어 하나로 통합되어 있었다. 태국 북부에서는 아카족이 다른 종족보다 훨씬 남성 중심 사회라고 생각했었다. 그러나 이곳은 문화대혁명을 거친데다 산아제한이 있어 그런지 가부장적 풍습은 별로 감지되지 않았다. 그러나 전에는 이 곳 하니족도 아들을 낳지 못하면 이혼하고 다른 여자를 얻었고 한 남자가 여러 여자를 얻어 살기도 했다고 한다. 결혼 풍습은 다른 하니족과 마찬가지로 결혼 즉시 여자를 데려오고 처갓집에 봉사를 한다거나 금전을 준다거나 하는 일은 없다고 한다.

우리가 자꾸 소리 한 마디를 부탁하자 회계는 마지못해 '죽은 사람에게 바치는 노래'라는 곡을 불러주었다. 이곳 윈난성에 온 후로 우리는 하니족 노래를 여러 번 들었다. 식당에서도 들었고 반란촌에서도 들었다. 그러나 이날 회계가 부른 것만큼 순수한 아카족 노래는 들어보지 못했다. 내용은 대략 이랬다.

이 땅은 아무리 시간이 지나도 늙지 않지만
나무는 세월이 흐르면 누레진다.
사람은 주름 잡히고 병약해지지만
이 집은 없어지지 않고 대를 물린다.

우리가 장례 치를 때 부르는 소리 한 곡을 더 부탁하자 그건 안 된다고 고개를 저었다. 평상시에 그런 노래를 불러서는 절대 안 된다는 것이다.

장법(葬法)은 반란촌에서와 대체로 유사했다. 사람이 죽으면 옷을 입혀 흰 보로 싸고 은을 손에 쥐어준다. 은을 입에 넣어주는 법은 없느냐고 했더니 늙은 소가 죽으면 넣어준다고 했다. 다음은 산에 올라가 관재(棺材)를 해온다. 굵고 좋은 나무로 골라 해오면 여자들이 그네 옆에 가서 기다렸다가 맞이한다. 곧장 내려오는 것이 아니라 그 곳에서 30분 내지 1시간가량 다 함께 노래를 한다. 노래의 내용은 "아주 좋은 나무를 관재로 베었다"고 죽은 사람에게 알리는 것이라고 한다. 관이 다 만들어지면 입관(入棺)하여 내간다. 이때는 반드시 죽은 사람만을 위한 문으로 나가야 하고 돌아올 때도 절대 그 문을 돌아보아서는 안 된다고 한다.

마침 마을에 관 만들어 놓은 것이 있다고 하여 보러 갔다. 뜰 한편에 대자리를 씌운 높은 굄대가 놓여 있고 그 대자리를 벗기자 안에서 관이 나왔다. 관은 언젠가 사진에서 본 것과 똑같았다.

하니족의 관 모양은 아주 특이했다. 위짝 한가운데에는 꼭지 같은 것이 달리고 아래짝에는 발 비슷한 것이 달렸다. 물으니까 위짝 한가운데의 꼭지는 심장(반란촌에서는 배꼽이라 했음)이고 옆에 삐죽이 나온 것들은 손, 아래짝에 달린 것은 발이라고 했다. 즉 위짝은 남자, 아래짝은 여자를 상징하는 것으로, 남자와 여자가 결합하는 상태, 즉 죽은 사람이 태어나기 전 상태로 돌아감을 뜻하거나 아니면 다시 태어남을 상징하는 것이라고 했다.

16. 새로운 기대에 가슴 부풀고

9박 10일간의 시솽반나(西双版納) 여행을 마치고 돌아왔다. 오전 11시 시솽반나에서 출발, 11시50분 쿤밍공항에 도착했다. 스린(石林)에서 1박2일, 시솽반나에서 9박 10일, 총 비용 2,264달러, 다이족 가이드와 조선족 가이드와 학예사 그리고 나 이렇게 4인이 팀이 된 필드워크는 생각보다 성과가 컸다. 처음에는 좀 삐걱대는 듯했으나 곧 호흡이 맞아 즐겁고 유익한 시간을 보낼 수 있었다.

내일 다리(大理)로 출발하기로 바로 계약을 맺었다. 여행사의 주선으로 일제 도요다 신형 지프 1대와 운전기사, 가이드 1명을 붙여 순전히 육로로만 다니기로 했다. 지프 사용료는 기사 포함해서 1km에 외국인폐로 2.5위안, 100km 내에서는 얼마를 달리든 상관없이 하루에 외국인폐 250위안을 지불해야 하고 100km를 초과한 분량에 대해서는 1km당 외국인폐 2.5위안을 따로 내는 조건이었다. 거기에 기사의 숙식비, 가이드의 숙식비, 가이드비 등이 별도 지출이어서 만만치 않았으나 미지의 땅을 밟는다는 기쁨에 그것은 별로 문제가 되지 않았다.

계약하는 자리에 여행사 직원이 젊은 여자 한 명을 데리고 나왔다. 그 여자는 계약하는 동안 내내 한쪽에 아무 말 없이 앉아 있었다. 계약이 끝나자 여행사 직원이 그 여자를 우리에게 소개했다. 내일부터 우리를 안내할 새 가이드라는 것이었다. 주순자 씨는? 하고 내가 사람 바뀌는 것이 싫어 눈을 치뜨며 묻자 여행사 직원이, 주순자 씨는 다른 일이 있어서 나올 수 없고 대신 홍경숙 씨가 할 것이라고 대답했다. 홍경숙 씨는 하얼빈 출신이라고 했다. 이곳에 온지도 얼마 안 되고 가이드 경력도 짧아 좀 서툴기는 하겠지만 한국말을 하는 사람으로 20일 간이나 우리와 같이 다닐 사람은 달리 구할 도리가 없다는 것이었다. 홍경숙 씨는 주순자 씨만큼 세련되지는 못했지만 마음은 착해보였다. 하는 수 없이 우리는 잘 부탁한다고 악수하고 만날 시간을 정한 후 헤어졌다.

오늘 식당에서 웃지 못 할 일이 벌어졌다. 호텔 식당에 갔는데 앉자마자 종업원이 주문을 받으러 오면서 작은 티슈 하나를 갖다 놓았다. 주문하지 않은 것이니까 우리는 당연히 서비스인 줄 알고 뜯어 썼다.

나오면서 계산서를 보니까 뭔가 주문한 것보다 한 가지가 더 추가되어 있었다. 티슈 값이었다. 그것도 3위안이나, 웬만한 음식 한 접시가 4.5위안인데, 어이가 없었다. 말도 안통하고 사람도 많고 해서 그냥 나오기는 하면서도 화가 치밀어 금방 먹은 음식이 얹힐 지경이었다. 돈이 아까워서보다 그 무경우가 너무나 불쾌했기 때문이다. 다음부터는 주문하지 않은 것을 가져오면 무조건 '부원 부원'하고 물리쳐야지 생각하니까 겨우 속이 좀 진정되는 것 같았다.

이 날 우리는 호텔 밖에서 나는 이상한 소리에 깜짝 놀랐다. 타타타타... 마치 총격전이라도 벌어진 듯한 그 소리에 처음 우리는 섬뜩한 공포감마저 느꼈다. 나중에 안 일이지만 그것은 큰길에서 난 폭죽 터지는 소리였던 것이다.

한족들은 애경사(哀慶事)에 모두 폭죽 터뜨리기를 무척 즐긴다. 결혼식, 장례식은 물론 작은 상점의 개업에까지 터뜨리는데 그 뜻은 '축하하고 동시에 널리 사람들에게 알리기 위해서'라고 한다.

한번은 주유소 앞에서 차를 내리는데 느닷없이 폭죽이 연이어 터졌다. 소리가 상당히 컸던 모양으로 우리는 혼비백산 건물 옆으로 뛰어가 숨었다. 갑자기 당한 일이라 다리가 떨리고 가슴이 진정할 수 없이 뛰었다.

잠시 후 다 터진 듯하자 한 중년 남자가 어슬렁어슬렁 현장으로 다가가는 것이 보였다. 사십 좀 넘어 보이는 그 남자는 무엇이 그리 재미있는지 싱글싱글 웃고 있었다. 그때였다. 하나 남아 있던 폭죽이 갑자기 탕하고 요란한 소리를 내며 터졌다. 순간 어이쿠 하며 남자가 두 눈을 감싸며 주저앉았다. 폭죽이 터지며 파편이 날아가서 눈을 다친 모양이었다. 그것을 보는 순간 우리는 놀란 것이 너무 속상해 "잘코사니다""잘됐다"하고 이구동성으로 소리쳤다.

가이드가 조심스럽게 다가가 그 사람의 다친 상태를 보고 뭔가 묻고 돌아왔다. 폭죽을 왜 터뜨렸냐고 했더니 "그냥 재미로"라고 대답하더란다. 아니 어린아이도 아니고 나이 먹은 작자가 벌건 대낮에 무슨 할 일이 없어서 사람들을 놀라게 하고 자기도 다치는 짓을 하는고. 아무리 해도 그 사람의 마음을 이해할 수가 없었다.

다이족 마을에 갔을 때였다. 상가여서 우리는 들어가 이것저것 묻고 사진도 찍었다. 사람들이 친절하고 상냥하여 즐겁게 취재하고 있는데, 몰려든 아이들 중에 예닐곱 살쯤 된 사내놈이 짓궂게 웃으며 뭔가 손에 든 것을 슬그머니 펴보였다. 내려다보니까 심지가 달린 폭죽이었다. 내가 기겁을 하고 한걸음 뒤로 물러서자 아이는 재미있어 죽겠다는 듯 키득대며 웃었다. 아이들도 외국인이 폭죽을 제일 겁내고 싫어한다는 것을 알고 일부러 놀리는 것이었다. 내가 괘씸한 생각에 눈을 하얗게 흘기자 아이들은 그게 또 재미있다고 깔깔대며 웃었다. 언어는 통하지 않았지만 우리는 그 날 그 일로 그들과 잠시 마음의 소통을 즐길 수 있었다.

| 루펑현 탕쯔싼 마을의 화먀오족 |

가파른 절벽에 집이 빽빽이 들어찬 마을

마을 맞은편 가파른 산비탈을 일군 밭

디딜방아

베 짜는 여자

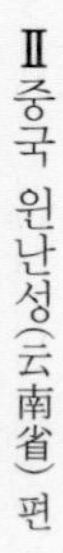

여자 옷차림의 뒷면

여자 옷차림의 옆면

지게 진 남자

17. 루펑현 탕쯔싼(禄丰县塘子山) 마을의 화먀오족(花苗族)

아침 9시 쿤밍을 출발하여 추슝시(楚雄市)로 향했다. 쿤밍을 벗어나자 전형적인 한족의 농촌이 줄을 이어 나타났다. 낮은 토담에 둘러싸인 단층 흙집, 산도 붉고 집도 붉고 세상은 온통 붉은 색이었다. 이곳의 흙은 색이 유난히 붉었다. 황토라기보다 적토(赤土)에 가까워 더러는 거의 핏빛을 띠었다.

한국에서 화교인 한족(漢族)은 보았지만 이처럼 그들이 사는 농촌, 농민들을 대하기는 처음이다. 한족의 시골마을은 이상하게 정감이 갔다. 토담, 토담 위에 얹은 용마름, 우리 농촌과 똑같은 짚가리 따위가 낯익어서인가 시솽반나의 다이족(傣族) 마을보다 훨씬 익숙했다.

쿤밍에서 추슝시 중간 지점쯤 되는 루펑(禄丰)이라는 곳에서 점심을 먹었다. 물으니까 그 곳에서 약 10km 떨어진 곳에 먀오족(苗族) 마을이 있다고 했다. 우리는 식사가 끝나자 바로 그 곳으로 찾아갔다. 마을 이름은 탕쯔싼(塘子山), 34호에 인구 179명이 살고 있는 작은 마을이었다. 1957년에 생겼고 그 곳에서 6km쯤 떨어진 키엔창허에서 이주해 왔다고 한다.

먀오족(苗族)은 아득한 옛날 황하 강변에서 시작되었다고 믿고 있었다. 그 후 꿰이주성(貴州省)으로 왔다가 이곳 윈난성까지 내려왔다고 한다. 꿰이주성에는 먀오족자치주, 먀오족자치현 등 먀오족들이 많이 살고 있다고 한다. 먀오족에게는 고유 문자와 고유 언어가 있었다. 고어(古語)와 현대문이 있는데 고어로 된 책을 얻으려다가 뜻을 이루지 못하고 현대어로 된 신약성서만 한 권 10위안에 샀다.

역사책은 원래 있었으나 1963년에 모두 없어졌다고 한다. 1963년에 무슨 특별한 일이 있었는지 물어보았으나 시원한 대답은 듣지 못했고, 중국에 살면서 먀오족의 역사책이 따로 필요 없어 관리하지 않아 자연히 없어졌다고 한다.

이 마을은 모두 기독교화 되어 있었다. 우리와 인터뷰한 올해 나이 59살이라는 촌장도 기독교인이었다. 나와 이영희 씨와 홍경숙 씨가 함께 찬송가를 부르자 기뻐 어쩔 줄을 몰라 했다. 먀오족이 기독교화한 것은 1840년 아편전쟁이 일어나기 전에 영국인 선교사가 중국에 들어오면서부터라고 한다.

먀오족에는 화먀오족(花苗族)과 바이먀오족(白苗族) 두 종류가 있다고 한다. 이 마을은 화먀오족이고 화먀오족에는 기독교인이 많다고 한다. 기독교인이어서 그런지 아니면 본래 민족성이 그런지 성품들이 대단히 정열적이고 친절했다. 조용하고 후미진 마을에 우리의 출현은 정말 놀라운 사건인 모양이었다. 기와를 얹다가 또는 밀을 탈곡하다가 손이 흙투성이가 된 채 몰려와 구경했다.

마을에는 학교와 교회가 있다고 한다. 처음에는 마을만의 힘으로 학교를 세웠으나 후에 정부에서 알고 지원해주었다고 한다. 교사는 이 마을 출신으로 고등학교를 졸업하고 돌아와 가르치고 있다고 한다. 초등학교 3학년 과정까지 가르치고 먀오족어는 밤에 교회에서 가르친다고 한다.

아이들이 몰려오자 이영희 씨가 사탕을 나누어 주며 몽고반점을 확인했는데 한 아이는 있고 한 아이는 없었다. 어른들에게 물어보니까 자신 없이 우물우물했다. 좀 더 자세히 살펴보고 싶었으나 저항감이 느껴져 쉽지 않았다. 게다가 너무 더러워서 설사 있다 하여도 확실히 확인할 수 있을 것 같지 않았다.

화먀오족과 바이먀오족은 풍속, 습관, 언어가 모두 비슷하고 조상도 같다고 한다. 이들을 왜 화먀오라고 하는지 의상을 보자 단박에 수긍이 갔다. 정말 눈이 부시도록 화려하고 아름다운 의상이었다. 그들의 삶이 너무 가난하고 고달파 보여서 그런 면이 있으리라고는 상상도 못했는데 안에서 내온 전통 의상을 보고 우리는 모두 벌어진 입을 다물지 못했다. 꼼꼼하고 정교하게 놓은 수, 개성 있고 화려한 배색 등은 그들의 가난한 삶과 대비되어 더욱 이색적이고 경이로웠다.

연애는 자유롭게 하고 결혼에 특별한 조건은 없다고 한다. 다만 신랑 집에서 신부 집에 반드시 신 두 켤레를 보내는데 하나는 신부의 것이고 나머지는 신부와 같이 오는 들러리에게 주는 것이라고 한다. 결혼 후에는 대개 남자 집에서 살지만 특별한 사정이 있을 때는 여자 집에서 처가살이를 하는 경우도 있다고 한다. 다른 민족과의 관계는 벽이 없고 결혼도 자유롭게 한다고 했다.

화먀오족은 기독교인이기 때문에 어느 민족과도 화목하게 지낸다고 촌장은 특히 강조했다. 이혼에 특별한 제약은 없으나 아주 불가피한 경우 이외에는 이혼하는 일이 거의 없다고 한다. 실제로 이 민족의 부부들은 서로의 의견을 대단히 존중하는 것 같았다. 어떤 집에서 내가 전통의상을 구입해 올 목적으로 의견을 제시하자 의상의 주인인 여자는 남편이 없어서 불가능하다고 했다. 남편과 상의하지 않고는 절대 팔 수 없다는 것이다. 조금 있으니까 남편이 돌아왔다. 남편은 우리가 제시한 가격이 마음에 드는지 팔 의사를 내보였다. 그러자 여자가 어디론가 슬그머니 사라져버렸다. 남편은 여자를 찾아 한참 헤맨 끝에 함께 돌아왔다. 집안에 들어가 또 한참 동안 의견을 나눈 후에야 겨우 옷을 들고 나왔다. 완전 합의에 도달하는데 그렇게 많은 과정과 시간이 필요했던 것이다.

사람이 죽으면 흰 천으로 발끝에서부터 목까지 찬찬히 감는다고 한다. 입에 넣어주거나 손에 쥐어주는 것은 없고 흰 천으로 얼굴을 따로 덮는데 시신은 그 이튿날 바로 내다 매장해야지 무슨 일이 있어도 이튿날을 넘겨서는 안 된다고 한다. 관 모양은 평범한 직사각형이며 매장 법은 1m 정도 파고 관을 묻은 다음 흙과 돌을 덮는다는 것으로 보아 한족의 묘와 같았다

기독교 신자이기 때문에 조상신을 모시는 법은 없고 아무 때고 마음이 내킬 때 산에 올라가 무덤의 풀을 깎아준다고 한다. 심지어 청명(淸明)에조차 찾는 일이 없다는 것으로 보아 기독교 신심이 얼마나 철저한 지 알 수 있었다.

기풍의례도 일체 없고 다만 일 년에 대여섯 번 설날, 상원(上元), 단오(端午), 청명(淸明), 8월 보름에 마을 전체가 모여 놀며 즐긴다고 했다.

김치, 된장 등 발효식품을 먹고 있으며 생업은 주로 농업이라고 한다. 마을 옆의 야산들은 모두 꼭대기까지 개간되어 있었다. 한 그루의 나무도 없이 밭으로 구획된 산은 흡사 거대한 조각보를 씌어놓은 것 같았다. 그 밭에는 아직 수확하지 않은 밀이 누런색으로 남아 있었고 마을 공동마당에서는 여인들이 탈곡한 밀을 털어 까불고 있었다. 밀 수확이 끝나면 그 자리에 옥수수, 콩 따위를 심는다고 한다. 마을이 형성된 것은 주위를 둘러싼 산들이 개간할 수 있는 토질이기 때문이었을 것이다.

| 다리시 바이족의 자연염색공장 |

다리고성과 그 앞 광장

바이족 여자와 어린아이

염색작업을 하고 있는 바이족 남자

염색공장에 즐비한 날염통

빨라라는 식물로 염색한 천을 건조시키고 있는 모습

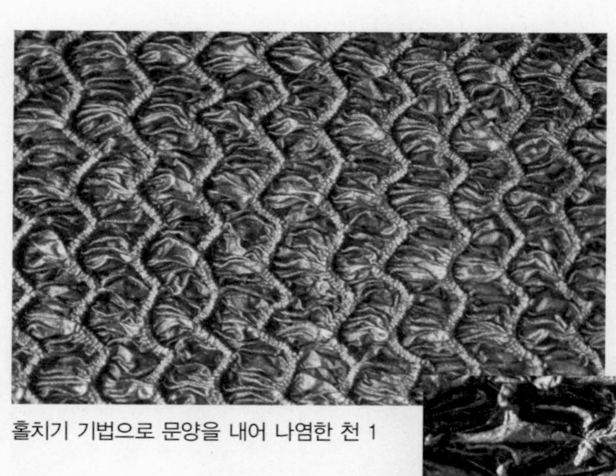

홀치기 기법으로 문양을 내어 나염한 천 1

홀치기 기법으로 문양을 내어 나염한 천 2

홀치기 기법으로 문양을 내어 나염한 천 3

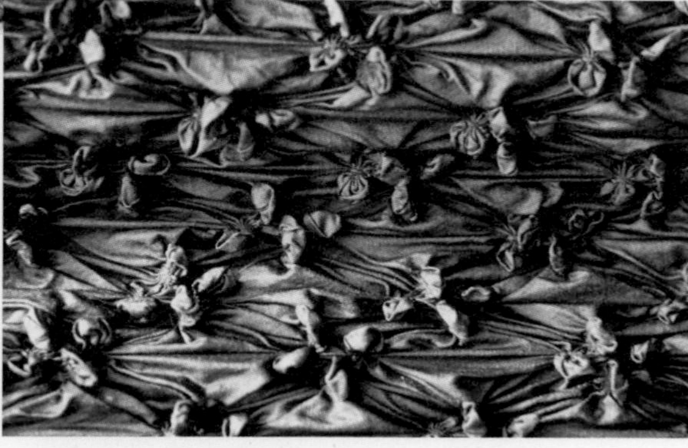

홀치기 기법으로 문양을 내어 나염한 천 4

화려한 홀치기 나염 제품

유명한 다리 3탑

18. 다리시(大理市) 바이족(白族)의 자연염색공장

추슝시(楚雄市)에서 다리시(大理市)까지는 거의 200km가 되는 먼 거리였다. 그런데 그 길은 내내 깎아지른 듯한 협곡 사이로 뚫린 길이었다. 비록 짧긴 했지만 굴도 여러 번 지나지 않으면 안 되었다. 이곳 산은 시솽반나의 산과 달리 모두 험준한 암석이었다. 윈난성에서도 남쪽에, 특히 시솽반나 부근에 소수민족들이 많이 모여 있는 것은 비록 산이기는 하나 밭으로 활용할 수 있는 그 토질 때문이라는 것을 이곳을 지나며 다시 한 번 확인했다

다리시에서 1박하고 이튿날 아침 일찍 염색공장을 찾아갔다. 이곳 염색은 세계적으로 널리 알려져 있다. 천을 홀치기해서 천연염색을 하여 여러 가지 무늬를 내는 것은 우리의 풀문화 연구와도 관련이 있어 제일 먼저 보기로 했다.

다리에는 다리고성(大理古城), 싼타(三塔), 헤이룽탄(黑龍潭) 등 가볼만한 유명한 관광지가 많았다. 그러나 그런 곳을 일일이 찾아다닐 시간적 여유가 우리에게는 없었다. 우리가 윈난성에 온 것은 소수민족 조사와 함께 가능한 한 짚풀문화 조사도 하는 것이기 때문이었다.

염색공장은 다리시 여기저기에 많았다. 국가경영, 개인경영 등 성격은 달랐으나 염색 방법은 대체로 비슷한 것 같았다. 홀치기란 무늬를 놓기 위해 천을 묶거나 바느질하는 방법을 말한다. 염색이 스며들지 않게 부분 부분을 단단히 감치거나 꿰매거나 비닐 따위로 싼다. 이 홀치기는 공장 자체에서 하기도 하지만 대부분 인근 주민들에게 하청

을 줘서 하고 있었다. 길을 가다 보면 양지 바른 곳에 앉아 흰 천에 홀치기를 하고 있는 바이족(白族) 여자들을 더러 볼 수 있었다.

이렇게 홀치기 한 천은 물감을 풀어 놓은 곳에 사흘 간 담가놓는다. 공장에는 남색 물감이 담긴 큰 통이 여럿 있었다. 물감은 반란(板蘭)이라고 하는 난 비슷한 초본(草本)의 줄기와 잎에서 추출하는데 심은 지 3년이 지나야 하고 대략 음력 7월 경에 수확한다고 한다.

나는 반란 밭을 보고 싶어 가이드를 시켜 부탁해 보았으나 돌아온 답은 한 마디로 "뿌씽"이었다. 그러면 염료로 쓰기 위해 저장해 놓은 반란의 줄기나 잎 조금이라도 보여줄 수 없느냐고 했으나 그 역시 "뿌씽"이었다. 그러면 씨앗이라도 보여 달라, 그것도 "뿌씽"이라고 해서 나는 정말 기가 막혔다. 벽창호, 아아 정말 이럴 수가.

그들의 태도를 보니 정책적으로 아예 유출 금지 명령이 내려와 있는 것 같았다. 우리 박물관에 전시할 요량으로 홀치기 하다 만 작은 천 조각 하나를 사려 했으나 그것조차 거절당했다. 완제품만 사가라는 것이었다.

매점에는 염색한 천이며 옷 따위들이 산더미처럼 쌓여 있었다. 주로 남색이었고 그 밖에 붉은색, 보라색, 녹색 등 여러 가지가 있었다. 이 가운데 식물염색은 남색뿐이고 나머지는 모두 화학염료라고 했다. 흰 바탕에 남색과 다른 색을 섞어 삼색으로 들인 것도 있었다. 염색 방법에 대해 묻자 천은 반드시 면이어야 하고 식물염색은 찬물에 할 수 있으나 화학염료는 꼭 끓여야 한다고 대답했다.

다리시(大理市)는 해발이 2천m 가량 되는 곳이다. 그래 그런가 하늘이 마치 우리네 가을 하늘처럼 푸르고 높았다. 하늘이란 참 묘한 것이구나 하는 생각이 들었다. 낮은 데로 갈수록 탁하고 낮아지며 높은 곳으로 갈수록 투명해하고 높아지는 이유는 대체 무엇일까. 어제 밤 올려다 본 하늘에는 정말 주먹만 한 별들이 빛나고 있었다.

우리가 숙소로 정한 곳은 쌰꽌(下關)이라는 곳이었다. 쌰꽌은 구시가지인 다리시에서 조금 떨어진 신시가지였다. 다리시에는 얼하이(洱海)라는 큰 호수가 있다. 길이가 40km라던가, 호수이지만 마치 바다처럼 넓어 바다 해자를 붙여 얼하이라고 한다. 그 얼하이를 굽어보듯 긴 챵산(倉山) 줄기가 달리고 있다. 쌰꽌과 다리시는 그 얼하이와 챵산 중간에 놓여 있는 것이다. 6월이나 돼야 눈이 완전히 녹는다는 챵산 정상에는 아직 흰 눈이 덮여 있었다. 얼하이의 물은 눈이 시리도록 맑았고 습기 없는 시원한 바람은 끊임없이 옷깃을 스쳤다.

돌아오는 길에 다리시 시주진(喜州鎭)이라는 곳에 들렀다. 그 곳은 아주 유서 깊은 이족촌(彝族村)이었다. 낡은 건축물들이 나름대로의 독특한 양식과 개성을 들어내고 있었다. 집은 대개 이층으로 되어 있는데 아래층은 주택이고 위층은 창고로 쓰고 있었다.

360여 년 전 명조대(明朝代)에 지었다는 첫 번째 집은 이족의 아름다운 건축양식을 다양하게 보여주었다. 대문을 열고 들어가자 중문이 나왔다. 그 양식이 우리네 한옥 양반집과 흡사해서 절로 눈길이 갔다. 그 밖에 문창살이라든지 조각 등도 우리네 전통 한옥과 유사한 점이 많았다.

우리가 집안으로 들어가자 50세가 좀 넘어 보이는 남자와 80세쯤 되어 보이는 노인이 친절한 미소를 지었다. 중년 남자는 알루미늄 깡통을 잘라 주전자 뚜껑을 만들고 있었다. 안팎이 새카맣게 그을린 낡은 주전자에 가위로 오린 알루미늄 조각을 맞춰가며 구부리고 두드리는 일을 멈추지 않았다.

시주진은 가구 수 1천여 호에 주민도 6천여 명 가까이 되는 큰 마을이었다. 이들은 8대 전에 쟝쑤성(江蘇省) 난징(南京)에서 이곳으로 이주해 왔다고 한다. 고유 언어는 있으나 문자가 없어서 이족문자로 쓴 역사책은 없고, 한족어로 쓴 이족 역사책이 박물관에 있다고 한다.

| 용찌엔향 용핑촌의 후이족 |

마을 한가운데에 있는 웅장하고 화려한 사원

후이족 남성

멀리서 본 후이족 마을

후이족 민가의 대문

후이족 가족

품팔이 온 이족 여자가 도리깨질을 하고 있는 모습

19. 용찌엔향 용핑촌(永建鄉永平村)의 후이족(回族)

지도를 보니 다리시(大理市)에서 30여 km 떨어진 곳에 웨이산(巍山)이라는 곳이 있었다. 이 웨이산은 이족과 후이족(回族)의 자치현이었다. 운전기사에게 물으니 웨이산까지는 왕복 6시간이 걸리는 먼 거리라고 했다. 잠시 단념할까도 생각했으나 지도를 자세히 보니 6시간은 당치 않고 기사가 뭔가 착각을 하고 있다는 것을 알았다.

아침 식사를 마치자 기사에게 지도를 보이며 웨이산 행을 요구했다. 기사는 미안한 얼굴로 차머리를 곧장 웨이산 쪽으로 돌렸다. 나로서는 그 곳까지 가서 후이족을 단념한다는 것은 아무래도 너무 억울하게 생각되었던 것이다.

다리시를 벗어나자 차는 바로 비포장도로로 접어들었다. 방향은 정남향, 다리시를 발아래로 굽어보며 챵산 산줄기를 타고 넘는 여정이었다. 산속에 있는 이족(彝族) 마을에서 나뭇단을 짊어진 여자들, 나뭇단을 가득 실은 달구지를 끌고 오는 남자들, 망태기를 짊어진 여자들이 아침햇살을 가르며 바쁜 걸음으로 내려오고 있었다. 기사가 그것을 보고 오늘이 장날이라고 귀띔해 주었다.

소수민족의 짐 나르는 방식은 대략 네 가지 종류이다. 양쪽 끝에 바구니를 매단 긴 장대를 한쪽 어깨에 메는 방식과 지게를 지는 방식, 짐을 등에 짊어지고 끈을 이마 또는 가슴으로 받치는 방식이다.

바구니를 매단 긴 장대를 어깨에 메는 방식은 주로 한족과 다이족의 풍습이다. 이는 그들의 주거지가 산이 아니라 평지라는 사실과 무관하지 않다. 이 방식으로는 가파른 산을 오르내릴 수 없기 때문이다.

지게는 한족을 비롯해 소수민족 대부분이 사용하고 있다. 이곳 지게는 우리 것과는 다르다. 가장 큰 차이는 지겟가지가 없는 것이다. 우리 지게는 지겟가지 위에 짐을 얹게 되어 있는데 그들 지게에는 그것이 없다보니 지게를 땅바닥에 눕혀놓고 짐을 얹은 다음 밧줄로 묶어 짊어진다.

소수민족 여자들은 모두 짐을 등에 짊어지고 다닌다. 큰 바구니에 짐을 담고 바구니에 달린 넓적한 끈을 머리로 지탱하거나 가슴으로 받친다. 무거운 짐을 이마나 가슴으로 받치고 가파른 산길을 거침없이 오르내리는 여자들을 보면 신기한 느낌이 든다.

이족(彝族) 여자들의 옷차림이 유난히 눈길을 끌었다. 스린에서 본 싼니족과 비슷했는데 젊은 여성들의 옷차림은 그보다 훨씬 화려해보였다. 은장식이 달린 수놓은 모자, 앞치마, 허리띠 게다가 등에는 이상한 빵떡 같은 것을 하나씩 짊어지고 있었다. 내려서 사진을 찍고 물어보니까 그냥 습관적으로 하는 것이라고 대답했다. 그 희고 둥근 빵떡 같은 것에는 사람의 눈썹과 눈 같은 그림이 그려졌는데 그것이 무슨 뜻인지는 아무도 알지 못했다.

소수민족의 복장은 민족마다 개성을 가지고 있다. 대체로 원색적이고 지극히 화려하다. 원색적이라고 해서 무조건 야한 것이 아니라 적절히 아름답고 적절히 우아하다. 소수민족의 옷은 일종의 신분증과 같다. 멀리서도 옷만 보면 금방 무슨 민족인지 구별이 된다. 소수민족은 같은 민족끼리는 옷을 통일해서 입는다. 처녀와 유부녀를 구분할 수 있도록 차이는 두지만 크게는 차이가 없다.

산허리를 다 넘자 넓은 평야가 펼쳐졌다. 꼬불꼬불한 산길을 한 시간 넘게 터덜거리며 달려와서 그런지 그 곳은 흡사 이 세상의 비경처럼 느껴졌다. 넓은 평야를 몇 개의 야산들이 죽 둘러싸고 그 산자락 군데군데에 후이족(回族) 마을이 자리 잡고 있었다. 후이족 마을들은 한 눈에도 깨끗하고 여유가 있어 보였다. 그리고 마을마다 한가운데

높고 웅장한 사원(寺院)이 자리 잡고 있는 것이 눈에 띄었다.

우리는 그 중 한 마을을 골라 들어갔다. 마을 이름은 웨이산이족후이족자치현 용찌엔향 용핑촌(永建鄕永平村)이었다. 가구 2백여 호, 인구 1천4백 명의 상당히 큰 마을이었다.

우리는 먼저 사원부터 찾아갔다. 마을 한복판에 자리 잡은 사원이 너무 웅장하고 화려하여 흡사 이끌리듯 그쪽으로 발길을 돌리지 않을 수 없었다. 온통 울긋불긋 단청을 한 건물, 문양이 그지없이 정교하고 아름다운 사원은 한 마디로 후이족의 경제력과 신앙심을 단적으로 보여주고 있었다.

후이족은 지금까지 본 어느 소수민족보다 부유해 보였다. 바이족(白族)이 대단한 것으로 알려져 있으나 후이족에 비하면 많이 뒤떨어진다는 느낌이었다. 사원 입구에 용핑사범학교라는 간판이 붙어 있었다. 예배당이고 동시에 사범학교로 쓰고 있는 것이다. 후이족은 말할 것도 없이 이슬람교를 믿는다. 매일 다섯 번씩 절하는 신앙심도 그렇거니와 금요일 오후 2시 반이면 어김없이 모든 마을남자들이 모여 예배하는 장소, 그 정신적 구심체가 마을마다 있다는 것은 민족을 통일시키고 발전시키는 원동력이 될 것 같았다.

사범학교에는 현재 2백여 명이 재학 중이라고 한다. 사원마다 사범학교가 있는 것은 아니고 21개 후이족촌에 모두 5개가 있다고 한다. 사범학교에는 중학교를 마치고 들어간다고 하니 사실상 고등학교 과정과 같았다. 3년에서 5년 과정, 이곳을 졸업하면 후이족 초등학교 선생으로 갈 수 있다고 한다. 이 모든 것, 그러니까 사원이든 사범학교든 전부 정부의 지원이 전혀 없이 오로지 후이족만의 힘으로 운영된다고 하니 그들의 경제력이나 결집력이나 민족의식이 어느 정도인지 짐작하고도 남음이 있다.

그들의 생업은 상업, 다시 말해 금은 세공업이었다. 농업을 하지 않는 것은 아니나 농토가 좁기 때문에 보잘 것이 없다고 한다. 소수민족들을 보면 어느 민족이든 몸에 은장식들을 많이 한다. 머리에 쓰는 모자에서부터 옷에 이르기까지 은장식을 붙이기 좋아하는데 그 까닭은 잘 알 수가 없다. 시솽반나 공연장에서는 징포족 여인들이 은장식을 가슴 가득 붙인 옷을 입고 나와 춤을 출 때마다 찰랑찰랑 부딪혀 일종의 악기처럼 대단한 리듬감을 자아내는 것을 본 일이 있다.

모든 소수민족이 은 세공품을 몸에 지니기를 좋아하는 만큼 그 수요가 어느 정도일지는 상상하고도 남음이 있다. 후이족이 인근 이족이나 그 밖의 다른 민족들을 대상으로 금은 세공업을 한다면 현재 이처럼 부유하게 산다는 것은 너무나 당연한 일이었다.

지나가다 보니 어떤 집 뜰 안에서 이족(彝族) 여자가 혼자 도리깨질을 하고 있었다. 콩대로 보이는 것을 마당 하나 가득 펼쳐놓고 우리 것과 똑같이 생긴 도리깨로 콩을 털고 있었다. 어떻게 된 것이냐고 묻자 후이족 주인여자는 "농번기라 임시로 쓰는 이족(彝族) 여자"라고 대답했다. 하루에 얼마 주느냐고 했더니 먹여주고 재워주고 5위안, 우리 돈으로 500원 준다고 했다. 내가 꼬치꼬치 묻자 여자는 후이족만이 이족을 쓰는 것은 아니고 한족도 쓸 수 있고 또 가난하면 후이족이 이족 집에 가서 일할 수도 있다고 말했다. 그러나 내가 보기에는 후이족이 이족 집에 가서 일하는 경우는 거의 없을 것 같았다.

이들 중국의 후이족은 200여 년 전 러시아에서 이주해 왔다고 한다. 당시 그 지방에 큰 전쟁이 일어나 피난을 한 것이 점차 이곳 윈난성 웨이산 지역까지 오게 되었다고 한다. 당시 이들을 이끌고 온 사람은 싸이딩츠, 짱스딩 두 사람인데, 이들은 이곳 웨이산의 비옥하고 아늑한 환경에 이끌려 마침내 민족의 정착을 결심하게 되었다고 한다. 중국의 후이족은 거의 이곳 웨이산 지방에 집중되어 있는데 그 수는 극히 미미해서 중국 전체 인구의 0.1%에도 미치지 못한다고 한다.

이곳 웨이산현의 후이족은 모두 6만 명, 21개 촌을 이루고 있으며 마을마다 소학교와 사원이 하나씩 있다고 한다. 소학교에서는 1학년에서 6학년까지의 과정을 가르치고 있고 중학교도 다섯 개나 있다고 한다. 교육열이 아주 대단해서 의무교육은 물론 이 마을에만도 대학생이 20여명이나 있다고 한다.

후이족의 언어나 역사는 소학교 때부터 마을에서 독자적으로 가르치고 있다고 한다. 대개 방학 때나 아침저녁 시간을 이용하는데 이런 민족교육에 대한 열정이 이들을 더욱 결속시키고 발전시키는 바탕이 되고 있지 않나 생각되었다.

이들은 사원을 '머서쓰다'라고 불렀다. 단청이 화려한 사원건물은 후이족 본래의 것이라기보다 다분히 중국화된 것이라고 한다. 신앙 대상은 '쩐쭈(眞主)', 하루에 5번씩 서쪽을 향해 절하고 매주 금요일 오후 2시 반이면 어김없이 온 마을 남자들이 모여 예배한다고 한다.

문화대혁명의 물결은 이 깊은 산 속에도 어김없이 파고들어 건물의 일부가 파괴됐을 뿐만 아니라 예배를 허용하지 않아 사원의 문을 모두 닫았어야 했다고 한다. 성소를 신성시하는 이들의 관념은 아주 대단했다. 외국인이라고 해서 극진히 대접하면서도 성소 내부를 사진 찍거나 들어가는 것은 절대 허용하지 않았다. 그리고 그 민족의 특징을 나타내는 의복 한 두 가지를 구입할 뜻을 보이자 옷도 모자도 신앙과 관계된 것이기 때문에 절대 팔 수 없다고 했다.

이들의 민족성은 아주 개방적이고 사교적이었다. 만나는 사람마다 자기 집으로 끌었고 가는 데마다 차와 해바라기 씨와 잣을 내놓았다. 해바라기 씨와 잣은 큰 접시에 그득히 내다가 일일이 돌아가며 권했고 남은 것은 남김없이 넣어주었다. 어른이고 아이고 사진 찍는 것을 전혀 두려워하거나 싫어하지 않았다. 그것은 이들의 높은 교육 수준과 결코 무관하지 않을 것이고 다른 민족에 비해 월등히 향상된 문명과도 깊은 관계가 있을 것으로 생각되었다.

다른 민족과의 관계는 이슬람 교리에 따라 평화를 제일주의로 삼는다고 한다. 그러나 혼인관계에 있어서는 하나의 엄격한 규칙이 있는 것을 알 수 있었다. 즉 다른 민족에게서 여자를 데려올 수는 있으나 후이족 여자가 다른 민족에게 시집가서는 안 된다고 한다. 그 까닭은 다른 민족에게 시집갈 경우 그들이 가장 중요시하는 이슬람 신앙생활을 할 수 없기 때문이라는 것이다.

몽고반점에 대해 물으니까 수가 극히 적어서 거의 없는 것이나 같다고 대답했다. 연애는 자유롭게 하고 싫어지면 마음대로 헤어질 수 있으나 결혼 전에 임신하는 것은 금한다고 했다. 결혼 역시 자유롭게 할 수 있다고 한다. 결혼이 합의되면 먼저 남자 쪽에서 여자 집에 돈 2,000위안 내지 3,000위안을 보낸다. 만일 그만한 능력이 없을 때는 주변 사람들뿐만 아니라 사원에서도 도와주어 돈이 없어서 결혼을 못하는 사람은 없다고 한다. 결혼하면 당일로 여자를 데려오는데 만일 여자 집에 아들이 없을 때는 두 집 합의하에 처가살이를 하는 경우도 있으나 극히 예외라고 한다.

자녀는 현재 정부에서 둘까지 허용하고 있으나 스스로 하나만 낳기를 권장하고 있다고 한다. 인터뷰하고 있는 동안 사범학교 학생들이 우리 주위를 성벽처럼 에워쌌다. 그들은 우리의 질문 하나하나에 비상한 관심을 나타냈다. 인터뷰해보면 그 민족의 일반적인 수준을 금방 알 수 있다. 외부와 차단된 민족과는 대화가 매우 어렵고 그 반응도 둔하기 이를 데 없다. 그러나 후이족의 젊은이들은 눈망울을 반짝이며 우리의 질문 내용에 대단히 민감한 반응을 보였다.

결혼과 마찬가지로 이혼도 자유롭다고 한다. 그러나 여자의 간통만은 엄격해서 전에는 돌로 쳐 죽이는 풍습까지도 있었으나 지금은 혼인법에 따라 법이 정해주는 대로 따르고 있다고 한다. 후이족에게는 고유문자와 고유 언어가 있었다. 그러나 기록된 역사책은 없다고 했다.

벼 심을 때, 걷어 들일 때 따로 의례는 없고 주식은 쌀이라고 한다. 김치, 된장 등 발효식품을 먹고 있으며 고기는 소, 양, 닭, 물고기, 오리 이외는 절대 먹지 않는다고 한다. 그것도 죽은 것은 먹지 않으며 반드시 산 것을 직접 잡아먹는다고 한다. 특히 후이족은 돼지고기와 개고기를 안 먹기로 유명한데 그것은 이 동물들이 대변 등 더러운 것을 먹고 살기 때문이라고 한다.

아이를 낳을 때는 침실에서 낳기는 하지만 침대는 쓰지 않고 바닥에서 낳는다고 한다. 이는 다른 뜻이 있어서가 아니라 침대에서 낳을 경우 자리가 더러워지기 때문이라고 한다. 아이 낳은 후 다른 민족처럼 금줄을 친다거나 처음 들어오는 사람을 양부모로 삼는다거나 하는 일은 없다고 한다.

이들의 장례(葬禮)는 아주 독특해서 관심을 끌었다. 사람이 죽으면 먼저 옷을 모두 벗긴다. 그리고 흰 천(반드시 무명)으로 세 번 싸는데 처음에는 허리에서 발까지. 다음은 목에서 발까지, 마지막에는 머리끝에서 발끝까지 싼 다음 아래와 위를 묶는다. 염이 끝나면 시신을 관에 넣는다. 그리고 산에 가서는 그 관을 벗겨 버린다. 묘혈(墓穴)은 먼저 수직으로 1.5m 가량 판 다음 옆으로, 즉 수평으로 사람이 들어갈 만큼 굴처럼 판다.

시신은 머리가 북쪽으로 가게 안치하고 얼굴을 싼 천을 벗긴 다음 얼굴을 서쪽으로 향하게 돌려놓는다. 이것은 그들이 매일 예배할 때 서쪽을 향해 절하는 것과 무관하지 않다. 수평으로 판 곳에 시신을 안치하고 나면 입구를 막고 수직으로 된 부분은 흙으로 덮어버린다. 장례 후에는 특별한 의식은 없고 돌아와서 다만 이슬람 경 즉 그들이 '란징'이라고 하는 것을 읽을 뿐이라고 한다.

혼인식 신부복을 보여주는 나시족 여자

위룽쉐산 가는 길. 멀리 웅장한 위룽쉐산이 보인다.

기하학적인 문양을 연출하고 있는 밭 풍경

소에 부리망을 채워주는 농부의 모습

두툼한 검은 천을 흰 가죽으로 장식한 등걸이를 입은 여자

짐을 지고 가는 나시족 여자

나시족 대문

부엌 벽에 붙인 부적

20. 리장(丽江)의 나시족(納西族)

아침 일찍 다리(大理)를 떠난 차는 젠촨(劍川)을 벗어나자 산길을 꼬불꼬불 오르기 시작했다. 아흔아홉 구비라 했던가, 흡사 뱀 모양으로 꾸불거리는 길은 산 정상에 도달하고서야 비로소 서서히 내리막을 잡기 시작했다. 정상에서는 주위의 산들이 모두 눈 아래 굽어보였다. 해발이 어림잡아 3천m가 훨씬 넘을 것 같았다. 하늘은 더욱 짙푸르고 어디 멀리 우주의 근원에서 불어오는 것 같은 바람이 심신을 한껏 상쾌하게 했다.

내리막길로 접어들자 숨어있었던 듯 위룽쉐산(玉龍雪山)이 저만치 그 웅장한 모습을 드러냈다. 굵은 뼈대, 눈을 하얗게 이고 선 설산을 보는 순간 숨이 탁 막힐 듯 압도하는 무엇이 있었다. 높이 5,598m, 정상의 눈이 일 년 내 녹지 않는다는 설산은 등산가들의 등산코스로도 널리 알려져 있다. 산은 기품 있고 깨끗하기 그지없었다. 순간 나는 조금 전 바람이 어디 멀리 우주의 근원에서 불어오는 것 같다고 느낀 것은 바로 저 산 때문이었음을 깨달았다. 그처럼 그 산은 근원적인 신비에 가득 둘러싸여 있었다.

한참 내려가자 산으로 에워싸인 널찍한 분지(盆地)가 나타났다. 아흔아홉 구비를 돌아 들어가서 그런지 그곳은 세속을 벗어난 곳, 이 세상 아닌 어떤 다른 곳으로 느껴졌다. 실제 그 곳은 햇빛도 더 밝았고 구름도 마치 비행기 위에서 볼 때처럼 눈이 부셨다. 리장(丽江)은 아름다운 곳, 참으로 하늘 가까운 동네였다.

분지에는 마을이 군데군데 흩어져 있었다. 흙이 유난히 붉은 밭에는 아직 걷어 들이지 않은 청록색 밀이 물결쳐 산뜻한 조화를 이루었다. 이곳에 사는 사람들은 얼마나 행복한가, 나는 문득 그런 생각을 했다. 매일 위룽쉐산을 바라보며 이 기막힌 햇빛 속에 사는 사람들은 확실히 복 받은 존재임에 틀림없었다.

첫 번째 분지를 가로질러 고개 하나를 넘자 다시 그보다 더 넓은 분지가 나타났다. 그 곳은 바로 우리가 여장을 풀어야 하는 장소였다. 고개 바로 밑에 큰 공장이 있고 멀리 시가지에는 고층 건물들이 드문드문 섞여 있었다. 첫 번째 분지에서부터 차림이 낯선 소수민족들이 하나둘 옆을 스쳐지나갔다. 풀을 한 짐 지고 가는 남자, 이상하게 생긴 널찍한 등받이를 진 노파, 키득대며 재잘대며 몰려가는 소녀들. 그들 복색에서 가장 눈에 띄는 것은 여러 겹 포개 쓴 여인들의 모자와 양털 등거리였다. 언뜻 보기에도 열 겹은 넘어 보이게 헝겊을 차곡차곡 겹쳐 쓴 모자와 등거리는 지금까지 본 일이 없는 전혀 새로운 스타일이었다. 운전기사 말이 이들이 바로 나시족(納西族)이라고 했다.

지나가는 노인 한 사람을 발견하고 우리는 차를 길가에 세운 다음 노상 인터뷰를 시작했다. 노인은 풍채가 좋고 품위가 있어 지금까지 본 소수민족과는 많이 다른 인상이었다.

이곳은 위룽나시족자치현(玉龙纳西族自治县)이라고 한다. 나시족은 쓰촨성(四川省)과 티베트자치구에도 일부 살지만 이곳에 가장 많이 모여 산다고 한다. 그들의 주업은 농업이고 밀, 쌀, 옥수수, 감자, 콩류를 생산한다고 한다.

노인이 나시족의 시조신화(始祖神話)를 들려주었다. 그들의 시조는 하늘에서 내려온 무로우예라고 한다. 무로우예가 처음 내려온 곳이 위룽쉐산(玉龍雪山), 그 때는 이 일대가 전부 바다였다고 한다. 그것을 무로우예가 바닷물을 모두 없애고 비옥한 땅을 만들어 백성들을 살 수 있도록 했다는 것이다.

나는 진즉부터 궁금했던 동파(東巴)에 대해 물었다. 내가 "나시족의 유명한 상형문자 동파"라고 하자 노인은 고개를 옆으로 저었다. 동파는 상형문자의 이름이 아니라 나시족의 종교의식을 집행하는 제사장(祭司長)을 지칭하는 명사라고 한다. 그 제사장이 종교의식을 치를 때 낭송하는 경전은 동파경(東巴經)이라 하는데 그 동파경의 상형문자가 너무 아름다워 유명해지다 보니까 문자의 이름이 바로 동파인양 오해받고 있다는 것이다. 동파경은 나시족의 시조신화, 건국신화 등이 적혀 있는 대단히 귀중한 자료라고 한다.

노인과 헤어진 다음 우리는 곧장 동파문화연구소(東巴文化研究所)로 차를 돌렸다. 연구소는 추녀가 날아갈 듯이 솟은 2층 기와집이었다. 단청이 화려한 입구에는 윈난성(云南省) 사회과학원 동파문화연구소(社會科學院東巴文化研究所)라는 간판이붙어 있었다.

연구소 건물은 2채였는데 한 채는 전시실로, 한 채는 매점으로 쓰고 있었다. 전시실을 둘러보고 매점에서 목우(木偶) 3점과 동파문 3장을 샀다. 목우는 쥐, 돼지, 호랑이 등 열두 띠 동물을 조각한 것이고 동파문은 상형문자로 묘사한 일종의 부적과 같은 것이었다.

매점 한쪽에 좁은 방이 있고 그 곳에서 한 노인이 동파문(東巴文)을 그리고 있었다. 내가 돈을 지불하고 나자 노인이 자청해서 동파문의 내용을 설명해주었다.

첫 번째 그림은 처우꾸이라는 귀신을 도끼로 치는 것, 뜨루꾸이라는 귀신을 창으로 찌르는 것, 여우꾸이라는 귀신을 칼로 찌르는 내용이고, 두 번째는 하늘과 땅 사이에 있는 두 신이 동파제사로 작은 귀신, 큰 귀신, 귀신의 왕을 제압한다는 내용이고, 세 번째는 하늘과 해와 달, 무성한 풀, 동물들이 있는 평화로운 자연 속에서 한 식구가 갖가지 자연신에게 제사하며 어떻게 만수무강을 비는 가를 나타낸 그림이라고 했다.

모수족의 액막이. 질병을 막기 위해 치는 것이라 함

화장터. 시커멓게 그을은 돌맹이들이 보인다.

화장한 뼈를 묻은 곳

루구호변을 걸어가는 손자와 할머니

모수족 농가에 헛간. 마당에 소, 돼지, 닭이 돌아다니고 있다.

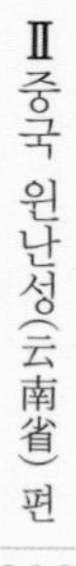

촌장 집안의 장식. 머리 위에 길게 걸린 작은 종이들은 액막이 부적이다.

모수족 마을 앞 광활하고 아름다운 루구호

모수족의 성소 라마뚜이

소원을 빌며 라마뚜이를 돌고 있는 모수족 여자

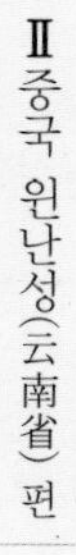

모수족 집의 대문.
위에 부적같은 흰 종이가 매달려 있다

밭 가는 농부

성장을 하고 밤에 춤추는 모수족 남녀들

21. 용닝향 뤄쉐이촌(永宁鄉落水村)의 모계사회(母系社會)

모수족(摩梭族)

오늘은 모수족 마을을 찾아가기로 한 날이다. 아침식사를 끝내자 운전기사가 내키지 않는 얼굴로 다짐하듯 말했다. 윈난성의 동북 끝, 연결된 길이 없어 왕복 600km를 순전히 모수족 만을 위해 달려야 하는데 그래도 꼭 가야 하겠느냐는 것이었다. 리장시(丽江市)에서 모수족이 산다는 닝랑현 용닝향 뤄쉐이촌(宁蒗县永宁鄕落水村)까지는 300km, 2.5위안 씩 따져서 왕복 차비만 우리 돈으로 23만 원이 들어야 한다.

나는 잠시 망설이지 않을 수 없었다. 지도상의 직선거리로는 얼마 되지 않아 가볍게 계획에 넣었는데 운전기사의 말로는 길이 없어 상당히 돌아가지 않으면 안 된다는 것이었다. 목적지에서 다른 길로 빠질 수 있는 것도 아니고 막다른 골목과 같아서 들어간 길을 되짚어 나올 수밖에 없는데 순전히 모수족 하나만을 보기 위해 너무 많은 시간과 비용이 드는 것이 아닌가 생각되었던 것이다. 그러나 나는 단념할 수가 없었다. 모수족이 지구상에 몇 안남은 모계사회(母系社會)라는 것이 진즉부터 나를 강하게 유혹하고 있었던 것이다.

더구나 엊그제 나는 나시족을 조사하며 모수족이 대단히 중요한 민족이라는 것을 알았다. 일본인 학자 시라도리 요시로우씨가 모수족과 나시족은 같은 민족이고, 모수족은 중국 고대 역사 문헌에도 나온다고 했다. 그런데 엊그제 인터뷰한 나시족들은 나시족과 모수족은 전혀 상관이 없는 다른 민족이라고 말했다.

어느 쪽 주장이 맞는 것인가. 일본인 학자의 학설대로 모수족과 나시족이 옛날에 같은 민족이었다면 오늘날 이렇게 갈라지게 된 변천사를 뒷받침할 역사적 근거가 필요한데 그것이 없는 상황에서는 결국 직접 보고 언어, 풍습, 골격 등 민족학적인 조사를 하는 것 외에는 달리 방법이 없는 것이 아닌가. 아마추어 민족학도인 내가 짧은 시간에 그 명쾌한 해답을 얻을 수 있을지는 알 수 없으나 아무튼 일단 보고 싶다는 유혹은 뿌리칠 수 없어 결국 가기로 결심을 굳혔다.

먼 길이라고 해서 새벽 6시에 일어나 서둘러 아침을 먹고 출발했다. 사실 300km정도는 고속도로면 3시간 이내에 너끈히 갈 수 있는 거리이다. 그러나 길은 예상했던 것보다 훨씬 악조건이었다. 리장시(丽江市)에서 100km까지는 아스팔트여서 그런대로 순조로웠다. 그러나 그 다음부터는 계속 터덜거리는 비포장도로인데다가 거의 산을 끼고 도는 곡선이었다. 산을 끼고 돌아 나오면 다시 높은 산이 앞을 가로막았다. 그때마다 산천은 끊임없이 모습을 바꾸어 그야말로 변화무쌍하기 이를 데 없었다. 굽어보기에도 어지러운 수십 길 계곡이 있는가 하면 나무가 거의 없는 불모지도 있었다. 파삭파삭 메마른 땅이 있는가 하면 윤기가 흐르는 비옥한 땅도 있었다. 리장시에서 50km쯤 가자 찐샤강(金沙江)이 나왔다. 여울이 이빨을 희게 드러내며 힘차게 흐르는 찐샤강은 중국의 2대 강 중 하나인 양쯔강(揚子江)의 원류라고 한다. 우리는 새로운 풍경이 나올 때마다 탄성을 질렀고 덕택에 터덜거리는 차도 그리 괴롭지는 않았다.

저녁 늦게 마침내 모수족 마을 닝랑현 용닝향 뤄쉐이촌(宁蒗县永宁鄉落水村)에 도착했다. 아침 7시 30분에 일찍 호텔에서 나와 주변을 돌았다. 소나무가 빽빽한 산자락 옆을 지나는데 나무에 옷가지가 주렁주렁 걸려 있는 것이 보였다. 입던 옷인 듯 낡고 해진 것들이 비바람에 바래여 더럽고 남루해 보였다. 옷가지가 걸린 나무와 나무 사이에는 줄에 꿴 종이들이 바람에 날리고 있었다. 세로 20cm, 가로 15cm 가량 되는 그 종이에는 검은색으로 그림 같기도 하고 글씨 같기도 한 것들이 흐릿하게 찍혀 있었다.

지나가는 사람에게 물어보니 모수족이 몸이 아프면 하는 처방이라고 했다. 병든 사람의 옷을 이곳에 내다 걸면 병이 낫는다고 믿고 있다는 것이다. 걸린 옷가지 아래에 아주 작은 신발짝도 버려져 있었다. 걸음마를 겨우 배울까 싶은 저 신발의 아이는 대체 어디가 아파서 이곳에 신발을 내다놓은 것일까.

조금 내려가니까 이번에는 산자락 가득 깃발들이 걸려 있었다. 백색, 황색, 홍색, 남색, 길이가 1.5m, 폭이 20cm가량 되어 보였다. 이 깃발에도 조금 전의 그 종이처럼 그림인지 글자인지 모를 것들이 가득 찍혀 있었다. 그런가 하면 한쪽에는 북, 바디, 바구니, 지팡이 따위가 널려 있었고, 나무를 태운 듯 부서진 나무 조각과 검게 그을린 돌, 숯 같은 것들이 쌓여 있었다. 물으니까 깃발은 죽은 사람을 위해 걸어놓은 것이고 북, 바구니 따위는 죽은 사람이 쓰던 것, 그을린 자리는 화장터라고 했다.

깃발에 찍힌 것은 라마교의 라마가 찍어준 것이라고 한다. 모수족은 전부 라마교 신자였다. 라마는 호수 한가운데에 있는 섬에 살고 있다고 한다. 마을 사람이 가리키는 곳은 숲이 우거진 섬으로 푸른 물 위에 아름답게 떠 있었다. 마을에 무슨 일이 생기면 조각배를 타고 가서 알린다고 한다. 라마는 두 사람인데 붉은 장삼을 입고 명절이나 초상 때 마을에 찾아와서 사람들의 정신적 지주가 된다고 한다. 화장터에 걸린 무수한 깃발도 그 라마가 만들어 준 것이라고 한다. 그리고 보니 깃발에 찍힌 글씨인지 그림인지 모를 것들은 라마교의 경전이었다.

마을로 내려오니 다른 지역에서 못 본 참으로 기이한 것들이 많이 있었다. 집집이 지붕 한가운데에 작은 깃발을 단 대나무가지 또는 솔가지를 꽂아놓았다. 깃발은 대부분 붉은 색이었고 남색과 흰색도 섞여 있었다. 길이 1m정도 되는 솔가지나 대나무가지에 매달린 깃발은 끊임없이 바람에 나부껴 더욱 사람의 눈길을 끌었다. 그런가 하면 집집이 대문마다 한족 글자와 신장(神將), 그리고 라마경전이 적힌 작은 깃발들이 흡사 운동회 날처럼 길게 매달려 있었다. 깃발은 홍색, 백색, 남색, 황색으로 원색이 던지는 강렬함이 우중충한 마을에 기이한 자극을 던져주고 있었다.

우리는 늘 하던 방식대로 촌장 집을 찾아갔다. 마을은 넓은 밭을 사이에 두고 둘로 나뉘어 있었다. 밭에는 곧 무엇을 심으려는 듯 퇴비더미가 일정한 간격으로 놓여 있었다.

이 고장은 담쌓는 공법이 무척 흥미로웠다. 나무로 틀을 짜서 세우고 흙을 부은 다음 위에서 다지는 것으로 우리나라에서도 예전에는 많이 활용했던 공법이다. 이 고장은 집 담은 물론 밭 둘레도 모두 이런 담을 돌려 쳤다. 그리고 비에 견딜 수 있도록 그 위를 솔가지로 덮었다.

우리가 찾아간 곳은 호숫가 마을이었다. 마을로 들어가는 길은 바로 호숫가를 끼고 뻗어 있었다. 맑은 루구호(瀘沽湖)의 물살이 끊임없이 찰싹이는 호숫가에서 마을 사람들은 빨래를 하고 물을 긷고 있었다. 통나무 조각배가 여기저기 떠있고 그 사이로 오리며 닭, 돼지들이 나와 물장구를 치고 있었다. 이렇게 아름다운 고장도 있는가. 나는 자신도 모르게 혼자 중얼거렸다. 그것은 그야말로 선경(仙境)이며 낙원이었다.

촌장은 마침 집에 있었다. 나이가 40세쯤 됐을까, 소수민족치고는 드물게 교양 있고 온화한 인상이었다. 우리는 그가 권하는 대로 의자에 걸터앉아 인터뷰를 시작했다.

이 마을은 모두 71호, 470명이 살고 있었다. 초등학교가 하나 있어 주민 대부분이 1학년에서 6학년까지의 과정을 마친다고 한다. 그 중 중학교에 진학하는 비율은 4%, 21km나 떨어져 있어 중도에 포기하는 학생이 많다고 한다. 고등학교 진학률은 그 중에서도 1%, 대학생은 지금까지 2명밖에 없었다고 한다.

마을 이름은 닝랑현 용닝향 뤄쉐이촌. 여기서 뤄쉐이는 지명이면서 동시에 촌명이

기도 하다. 설촌(設村)과 관련하여 이 마을에 재미있는 전설 하나가 전해지고 있었다.

옛날 아주 옛날, 그 때는 호수가 없고 모두 숲이 우거진 땅이었다. 사람들은 이곳에서 한참 떨어진 루구호 저편에 살고 있었다. 한 목동이 있었는데 매일 소를 돌보러 나가면서 점심을 싸가지고 가지 않았다. 이상하게 생각한 마을 사람들이 하루는 목동의 뒤를 몰래 밟았다. 목동이 소를 풀어놓은 곳에는 큰 굴이 있었다. 가만히 보니까 그 굴을 큰 물고기 한 마리가 병마개처럼 막고 있었다. 소년은 매일 그 물고기 살을 조금씩 베어 먹었고 그 때마다 물고기의 새 살이 돋아 매일 점심 요기를 할 수 있었던 것이다.

마을 사람들은 집으로 몰려가 굵고 긴 밧줄을 가지고 왔다. 그리고 그 물고기를 묶어 힘껏 잡아 당겼다. 병마개가 빠지듯 물고기가 빠져나오면서 그 큰 구멍에서 밀물이 걷잡을 수 없이 쏟아져 들어오기 시작했다. 마을 사람들은 어쩔 줄을 몰라 당황하다가 때마침 그 곳에 있던 구유를 타고 바가지로 노를 저어 이곳까지 왔고, 루구호는 그 때 쏟아져 나온 물로 생기게 된 것이라고 한다.

이 전설은 도처에 산재한 홍수설화에다가 우리나라에도 있는 '매일 먹을 양식이 나오는 샘을 크게 뚫자 다시는 나오지 않게 된'이야기가 혼합된 것 같은 내용이어서 퍽 흥미로웠다.

모수족이 사는 지역은 중국 전체에서 이 닝랑현뿐이라고 한다. 민족 전체 인구는 2만 명 미만, 그야말로 소수민족 중 소수민족이라고 할 수 있다.

모계사회 모수족의 결혼제도는 대단히 흥미로웠다. 여자가 어느 정도 나이가 차면 남자가 자유롭게 출입할 수 있도록 허용한다. 예전에는 남자의 형제도 상관없이 출입했으나 지금은 그 풍속은 없어졌다고 한다.

아무리 자유롭게 성관계를 갖는다 해도 대개 한 남자와 깊어지기 마련이어서 임신을 하고 아이를 낳으면 그 남자를 정식 남편으로 지정한다. 아이 낳고 한 달 째 되는 날,

남자는 소고기며 양고기 같은 것으로 음식을 푸짐하게 차려가지고 여자 집에 가서 온 마을 사람들을 초대해 저녁 한 끼를 대접한다. 이것이 이들 종족의 결혼식이다.

결혼을 해도 여자는 친정(親庭)을 떠나지 않는다. 남자는 낮에는 자기 집에 있다가 밤이 되면 처가로 여자를 찾아 간다. 아이는 여자의 형제들이 공동으로 양육하고 여자의 호적에 올릴 뿐만 아니라 성도 여자 쪽을 따른다. 아이는 현재 정부에서 셋까지 허용하고 있다. 여자는 여자 집에 머물며 계속 아이를 낳고 남자는 매달 일정액의 양육비를 지불한다고 한다.

우리가 앉아있는 동안 한 젊은 여자가 계속 마당을 오가며 일하고 있는 것이 보였다. 처음 우리는 그 여자가 촌장의 부인인줄로만 알았다. 그러나 나중에 보니 그 여자는 촌장의 누이동생이었다. 시집간 누이동생이지만 계속 살고 있는 것이다. 촌장 자신은 낮에 이곳에서 일하고 밤이면 아내와 아들을 찾아 처가로 간다고 했다.

호주상속은 물론 재산 상속까지 전적으로 여자에게만 있는 이 사회에서 언뜻 남자는 아무런 권한도 없는 것 같이 보였다. 그러나 자세히 관찰해 보니 촌장집의 경우 모든 권한은 거의 촌장이 쥐고 있었다. 촌장의 어머니와 누이동생은 고개를 숙이고 얌전히 일만 하고 촌장이 집 안팎일을 모두 지휘하는 것은 우리네 살림과 조금도 다름이 없었다.

촌장 집에 아주 잘 만들어진 차아통이 하나 있었다. 소젖과 차를 혼합해서 이들 특유의 음료수를 만드는 기구인데 우리 박물관에 소장하고 싶어 구입할 의사를 밝혔다. 내 뜻을 전해들은 누이동생은 별로 내키지 않는 기색을 보였다. 그러나 촌장은 이를 무시하고 기꺼이 그 차아통을 우리에게 내주었다. 이것만 보아도 실제적인 권한은 모두 촌장에게 있다는 것을 알 수 있었다.

그러나 이 풍습에도 약간의 예외는 있는 듯 우리가 들린 또 다른 집에서는 부부가 함께 살고 있었다. 늙은 부부인데 살고 있는 집은 남자의 소유라고 했다. 그러니까 이 경우에는 여자가 남자 집에 들어와 살고 있는 것이다. 남자가 아무도 없는 독자일 경우, 또는 여자가 형제나 부모 없는 외톨이일 경우에는 이런 편법을 쓴다고 한다. 그러나 대개의 경우 촌장처럼 살고 있고 이 형식은 늙어 죽을 때까지 지속된다고 한다.

나는 촌장에게 이 풍습의 장점이 무엇이냐고 물었다. 그러자 촌장은 "갈등이 없는 점"이라고 간단히 대답했다. 다른 사회에서는 사랑하는 딸은 남에게 주고 남의 식구는 받아들여 가족 간의 갈등이 끝이 없는데 이들 모수족에게는 그런 것이 전혀 없다고 한다. 내가 보기에도 그것은 정곡을 찌른 적절한 대답인 것 같았다.

이들에게는 결혼예복이라는 것이 따로 없었다. 아이 낳고 1개월 후 결혼을 선포할 때도 특별히 다른 차림을 하지 않고 평상시와 같이 입기 때문이다. 다만 다른 민족과 결혼할 때만은 예외여서 그런 경우에는 상대 민족의 습관을 쫓아 예복을 갖춰 입는다고 한다.

이들의 전통의상은 다른 소수민족들이 다 그렇듯 그지없이 화려하고 아름다웠다. 그날 저녁 우리는 그들이 전통의상을 갖춰 입고 춤추는 모습을 볼 수 있었는데 눈이 부실 정도로 황홀했다. 여자들은 주름이 많은 흰 치마를 길게 입었다. 그리고 저고리는 홍색, 혹은 녹색 비단에 금색 깃을 달았고 허리에도 손으로 직접 짠 화려한 띠를 둘렀다. 남자는 검정 우단에 역시 금색 깃을 달았고 허리에는 붉은 띠를 굵게 둘러 남성다움을 나타냈다. 모자는 대개 중절모를 썼으나 더러는 무늬가 요란한 비단 모자를 써서 언뜻 스페인이나 어디 남미의 남성차림을 연상시켰다.

이날 밤 이들의 춤과 노래는 아마 내 평생 잊지 못할 것이다. 마을에는 아직 전기가 들어오지 않아 주위는 칠흑처럼 어두웠다. 마침 한두 방울 비마저 부슬부슬 내렸으나 그들은 전혀 개의치 않았다. 호숫가 광장에 장작으로 모닥불을 피워놓고 그 주위를 빙빙 돌며 춤추고 노래했다. 피리소리에 맞춰 발을 경쾌하게 옮기며 빙글빙글 돌기도 하고 소리 높여 그들 민족의 노래를 합창하기도 했다. 이들이 부른 것 중에 가장 인상 깊었던 것은 '아름다운 루구호'라는 노래였다. 끊임없이 들려오는 루구호의 파도소리와 어울려 그것은 참으로 독특하고도 신비로운 정서를 자아냈다.

여자들은 꼭 처녀들만 모인 것 같지는 않았다. 모닥불 빛이긴 하지만 언뜻언뜻 비치는 모습에는 꽤 나이 들어 보이는 얼굴들도 있었다. 그러나 성장을 한 여인들은 낮에 본 그 찌들고 초라한 모습들이 아니었다. 밤이면 공작이 되는 사람들, 한 떨기 선인장 꽃처럼 붉게 피어나는 사람들, 나는 그 원초적인 거침없는 개화(開花)가 한없이 부럽게 느껴졌다.

늙은 노인들과 아이들은 주위에 둘러앉아 구경했다. 노인들은 젊은 날 화려했던 시간들을 추억할 것이고, 어린아이들은 앞으로 다가올 가슴 두근거리는 세월들을 기대할 것이다. 그 중 열 서넛쯤 되어 보이는 소녀 몇 명은 어설픈 옷차림으로 멋을 내고 어른들 사이에 끼어 춤추고 있었다.

이 아름다운 풍속도 전기가 켜지고 텔레비전이 들어오면 퇴색해 버리겠지, 하는 생각이 순간 내 뇌리를 스치고 지나갔다. 그 불행한 때가 이곳에만은 영원히 찾아오지 말았으면, 이곳만은 원시적 아름다움이 그대로 보존되었으면, 그러나 그것은 내 소박한 소망일 뿐 저 노도와 같은 문명의 발톱을 피할 수는 없을 것이다.

마을에는 모두 세 군데 '라마뚜이'라는 것이 있었다. 마을 입구에 두 개, 나머지 하나는 촌장 집 바로 옆에 있었다. 흡사 우리네 성황당처럼 돌로 둥그렇게 쌓아 올리고 그 맨 꼭대기에 창처럼 뾰족한 나무를 세워놓았다. 쌓아놓은 돌 가운데에는 더러 희미하게 부처를 새겨놓은 것도 있고, 라마교 경전인 듯 꼬불꼬불한 글자를 써 놓은 것도 있었다. 돌무더기 정면에는 굴뚝이 달린 작은 아궁이가 있었다. 아궁이는 검게 그을려 있었고 누가 태우다 만 듯 생솔가지 몇 개가 남아 있었다.

라마뚜이는 말하자면 모수족의 성소(聖所)와 같은 곳이다. 나이 든 사람들은 아침저녁으로 이곳에 와서 향을 사르고 경을 외며 주위를 빙빙 돈다고 한다. 실제 우리가 있는 동안 한 노파가 작은 주머니와 생솔가지를 들고 걸어왔다. 노파는 바로 옆에 있는 울타리에서 마른 솔잎을 조금 뜯어 아궁이에 불을 지폈다. 가지고 온 생솔가지를 사르기 위해 마른 솔잎을 불쏘시개로 쓰는 것이다. 곧 흰 연기가 뭉게뭉게 피어오르고 노파는 중얼중얼 뭔가를 외우며 주위를 돌기 시작했다. 우리네 탑돌이처럼 손을 합장한다거나 하지 않고 그냥 경만을 외며 돌았다. 라마뚜이 주위는 가능한 한 많이 돌수록 복을 받고 죽어서 극락에 간다고 믿는다고 한다.

라마뚜이 바로 옆에는 아침에 산에서 본 깃발과 똑같은 것들이 여럿 꽂혀 있었다. 죽은 사람의 명복을 빌어 세운 것이 틀림없었다. 화장터와 죽은 사람을 위한 깃발, 죽음을 준비하는 노인들의 뚜이돌이, 이런 어두운 그림자들이 성장한 젊은이들의 화려한 춤과 노래에 대비되어 너무나도 선명한 한 폭의 인생도(人生圖)를 그려내고 있었다. 화장하고 남은 뼈는 산천에 그대로 던져버린다는 허무가 젊은이들을 한층 원색적 욕망 속으로 몰아넣으리라. 그러나 그 욕망의 표현은 저 도시의 흔하디흔한 퇴폐적인 것이 아니라 너무나도 아름답고 원초적인 것이었다.

이 라마뚜이도 문화대혁명 때는 수난을 겪었다고 한다. 모두 부셔버리고 뚜이돌이도 하지 못했는데 10여 년 전에 다시 되살렸다고 한다. 라마뚜이는 라마교의 교주인 달라이라마를 모신 자리이다. 그리고 이들이 향을 사른다 함은 솔잎을 태우는 것을 말하는데 솔잎은 이들에겐 독특한 의미를 지니고 있는 것 같았다.

모수족의 원향(原鄕)이 어디이며 언제 어떻게 여기로 오게 되었는지에 대해서는 아무도 아는 사람이 없었다. 어렴풋이 400년 전쯤이라고 알고 있었고 루구호와 관련된 전설 하나만이 전해지고 있을 뿐이었다.

고유 언어는 있으나 고유문자는 없었다. 따라서 민족의 근원을 더듬어볼 아무런 단서도 찾아볼 수 없었다. 몽고반점은 동네 여인들의 말에 따르면 1:1, 있는 경우와 없는 경우가 반반이라고 한다. 우리는 직접 조사해보고 싶었으나 그것은 도저히 불가능한 일이었다. 어린애들 몸에 손을 대기는커녕 사진을 찍는 것조차 한사코 막았다.

여인들과 인터뷰를 하는 데는 상당한 노력이 필요했다. 촌장의 친척뻘 되는 여자의 물건을 팔아주고야 비로서 말문을 틀 수 있었다.

아이는 아래층에 내려와 낳아야 순산한다고 믿고 있었다. 이들은 보통 침실을 이층에 둔다. 그러나 아이 낳을 때만은 침대를 아래층에 놓는다고 한다. 출산 시 특별한 금기는 없으나 다만 외인만은 절대 집안에 들이지 않는다고 한다. 만일 해산 전에 외인이 집안에 들어오면 난산하고 아이의 성장에도 해롭다고 믿고 있었다. 나는 이들이 특수한 모계사회를 이루고 있기 때문에 혹시 아들보다 딸을 더 선호하지 않을까 생각했으나 그렇지는 않고 모수족은 예부터 아들과 딸을 구별하지 않았다고 말했다.

장례(葬禮)는 예외 없이 화장(火葬)이라 한다. 화장터까지 보았으니 더 이상 물을 말은 없었으나 화장할 때까지의 절차만은 알아두어야 할 것 같았다.

사람이 죽으면 옷을 벗기고 흰 천으로 만든 자루에 넣는다. 입에 은 또는 금을 넣을 뿐 손에 쥐어주는 것은 없다. 마을 사람들이 섬으로 가서 라마를 데려온다. 라마는 이것저것 따져 출상(出喪)하기 좋은 날을 잡아준다. 출상할 날짜가 정해지면 관을 짜는 한편 화장할 만반의 준비를 갖춘다. 라마가 정해준 날이 되면 관을 화장터로 옮겨 화장을 한다. 보통 하루 종일 태우는데 남은 뼈는 산꼭대기나 으슥한 동굴 같은 곳에 내다버린다.

망자(亡者)를 조상신으로 집에 모시는 특별한 신물(神物)은 없고 다만 매일 식사 전에 밥이며 반찬 따위를 잠시 부뚜막에 놓아둘 뿐이라고 한다. 모수족은 라마 의식(儀式) 이외에는 절대로 절을 하지 않기 때문에 부뚜막에 밥이며 반찬을 놓고도 절 같은 것은 하지 않는다고 한다. 이 풍습은 사람마다 조금씩 달라서 거의 평생을 두고 하는 사람이 있는가 하면 몇 년 하고 마는 사람도 있다고 한다.

나시족과 이족, 모수족은 거실과 주방이 따로 떨어져 있다. 이것은 태국의 소수민족 대부분, 특히 아카족이나 라후족이 거실과 주방을 같은 공간에서 사용하고 있는 것과는 대조적이다. 먼저 나시족 집에 찾아 갔을 때도 보았지만 그들은 손님의 출입을 주방까지만 허용했다. 주방 화덕 옆에 작은 걸상을 놓고 둘러앉아 이야기를 나누는 것이다. 그렇기 때문에 이들의 거실, 특히 침실을 보기는 대단히 어려웠다. 게다가 그들 대부분은 침실을 남에게 보이기를 극도로 꺼려했다. 어쩌다 기웃하고 들여다볼라치면 비밀이나 들킨 듯 황급히 문을 닫아버렸다. 이런 현상은 신앙, 특히 가신신앙을 조사하는 데는 대단한 장애가 되었다.

모수족 촌장집의 주방 한쪽에는 부엌신이 설치되어 있었다. 벽에 신장 같은 그림이 붙어 있고 그 앞에 작은 백자 불상이 하나 놓여 있었다. 앞서 여인이 말한 끼니때마다 밥을 놓는다는 것이 그 앞인지 혹은 별도의 장소인지는 확인하지 못했다.

이들의 명절은 대부분 한족과 같았다. 그러나 청명절(淸明節)은 지키지 않았고 '쉴리마니쯔워니'라고 하여 산 주위를 도는 모수족 특유의 명절만을 따로 지키고 있었다.

루구호 바로 옆에는 사자 같이 생긴 산이 하나 있었다. 우리가 이 마을에 들어와 호텔을 찾아간 것은 저녁 7시경이었다. 그 때 그 산은 저녁 음영(陰影) 속에 흡사 눈을 부릅뜬 한 마리 사자와 같은 표정을 하고 있었다. 그 때 이 마을에 그 산과 얽힌 뭔가가 반드시 있을 것이라고 예감했는데 아니나 다를까 마을 사람들은 그 산을 사자산이라 부르고 해마다 음력 7월 2일이면 산 주위를 도는 행사, 즉 '쉴리마니쯔워니'를 지키고 있다고 했다.

'쉴리마니쯔워니'날이 되면 마을 사람들은 음식을 차려들고 사자산으로 올라간다.

아침에 가서 오후 4~5시경까지 하루 종일 산허리를 빙빙 도는데 많이 돌수록 복을 받고 장수한다는 생각은 마을의 라마뚜이에 대한 것과 같았다.

떠날 때가 되어 인사차 찾아갔더니 촌장은 몹시 서운한 표정으로 문밖까지 따라 나왔다. 한국 사람으로는 우리가 처음이라며 꼭 다시 찾아오라고 몇 번이나 손을 잡고 흔들었다. 이 아름다운 곳을 영원히 잊을 수야 없겠지만 다시 올 기약은 할 수 없어 미소로만 답하고 그와 헤어졌다.

돌아오는 차안에서 내가 가이드와 학예사에게 '일본인 학자 시라도리 요시로우 씨가 모수족과 나시족이 같은 민족이라고 했는데 어떻게 생각해? 맞다고 생각해?'하고 물었다. 그러자 두 여인은 똑같이 아무 말 없이 고개를 옆으로 세게 흔들었다. 요시로우 씨는 무슨 근거로 그런 주장을 했을까. 그의 이론에 좀 더 접근해보아야 알겠지만 일단 내가 생각하기에도 두 민족은 너무 달랐다.

| 라오주바촌의 리수족 |

리수족의 쓰히. 농사철에만 사용하는 일종의 농막이다

기독교 신구약 성경을 펼쳐 보여주는 남자

상품을 저울질하는 남녀, 두 사람의 표정이 대조적이다.

화려한 가방을 메고 시장에 나온 남자

리수족 여자

리수족 아이들

22. 라오주바촌(老株巴村)의 리수족(傈僳族)

아침 8시 숙소에서 나와 식사를 간단히 하고 류쿠시(六庫市)로 출발했다. 류쿠시는 윈난성 서쪽 끝, 누장(怒江) 변에 위치한 국경도시이다. 애당초 계획은 북서쪽 꽁산(貢山)까지 갈 계획이었으나 일정이 너무 늦어지는 바람에 푸꽁(福貢) 지역의 리수족만을 조사하기로 했다. 사실은 푸꽁에서 자리를 잡고 조사하는 것이 원칙이겠으나 날짜와 경비를 절약하기 위해 류쿠시에 호텔을 잡고 하루나 이틀 오고가며 취재하기로 결정했다. 다리에서 류쿠시까지 가는 데는 용핑(永平) 용바오챠오(永保橋)를 지나가야 했다. 지도로 보았을 때는 도시와 도시를 잇는 주요 간선도로로 표시되어 있었으나 실제 도로사정은 말할 수 없이 나빴다. 아스팔트는 별로 없고 거의 돌이 깔린 왕복 2차선 도로는 몸을 가눌 수 없을 정도로 요동쳤다. 어제 300km를 달린데다 다시 무리를 하니 일행 모두가 파김치처럼 지쳐 있었다.

주변의 경관도 별로 눈여겨 볼만한 것이 없었다. 메마른 돌산 사이로 난 좁은 협곡을 달리는 지극히 단조롭고 힘겨운 여정이었다. 중간쯤에서 란창강(瀾滄江)이 나왔다. 란창강은 시솽반나에 갔을 때 줄곧 우리를 따라 다닌 강이다. 그뿐인가 태국에서 친숙해진 메콩강에도 란창강이 합류한다지 않는가. 란창강을 건너는 다리가 용바오챠오였다. 우리는 그 용바오챠오가 바라보이는 허름한 식당에서 점심을 먹었다. 국경 지역이어서 그런지 류쿠시(六庫市) 입구에서 검문을 받았다. 중국에 와서 처음 받는 노상검문이었다. 가이드 홍경숙 씨의 출입증을 보고 우리 두 사람의 여권을 조사했다. 무엇하러 왔느냐고 묻고 한참을 갸웃거리더니 고개를 끄덕였다. 그런데 이상한 것은 운전기사의 신분증은 조사하지 않았다. 내가 의아해서 물으니까 홍경숙 씨가 “통상 기사는 조사를 안 한다”는 것이었다. 이 나라에서는 운전기사에 무슨 특권이 있는가. 아니면 운전면허증만으로 모든 것이 보장된다는 것인가 잘 납득이 가지 않았다.

누장(怒江)을 건너자 바로 류쿠시(六庫市)였다. 누장은 티베트고원에서 발원해 미얀마로 흐르는 강이다. 이곳 류쿠시는 규모는 작지만 누장리수족자치주(怒江傈僳族自治州)의 모든 기관청사가 모여 있는 곳이다. 게다가 미얀마와 인접한 국경도시로서 완딩촌(畹町村) 외에는 유일하게 비자 없이 갈 수 있는 곳이어서 늘 상인들이 들끓는다고 한다. 실제 호텔 마당에는 태국 번호표가 붙은 승용차가 몇 대 서 있었다. 그 중 한 대가 우리나라 대우에서 생산하는 티코여서 우리를 반갑게 하였다. 태국보다 승용차 값이 월등히 비싼 이곳 중국에 매매하러 온 것이라고 운전기사가 설명해주었다.

그런가 하면 참으로 우연히도 쿤밍시민족학원의 영어과 교수가 바로 옆방에 들어 있었다. 영어과 교수였지만 일어를 곧잘 하여 나와 마박물관장과의 대화를 도운 일이 있는 그는 일본 상인의 목재 구입을 도우러 내일 미얀마로 들어갈 계획이라고 했다. 미얀마에는 아직 티크재가 많이 남아 있다는 얘기를 태국에서 들은 일이 있다. 그 때만 해도 미얀마 하면 아득히 먼 나라라고만 생각했는데 노비자로 곧장 들어갈 수 있다니 신기한 느낌이 들었다.

저녁식사 후 거리 산책을 나갔다. 지금까지 다닌 어떤 도시보다도 상권이 빈약하고 초라했다. 길가에 늘어선 소위 문시부(門市部)는 대부분 셔터가 내려져 있고 길 양편에 두 줄로 이어진 노점에는 망치며 벤치, 플라스틱 슬리퍼, 가방 따위 초라한 일용품들이 진열되어 있었다.

나는 거기에서 전부터 벼르던 군모(軍帽) 두 개를 샀다. 군모는 내가 중국을 여행하는 동안 가장 많이 본, 그래서 가장 친숙해진 복장 중의 하나이다. 이 모자를 군모라고 하는 것은 군이 썼기 때문에 붙은 명칭이다. 우리에게는 중공군 모자 또는 인민군 모자로 더 잘 알려진 그 군모는 이곳 사람들에게는 없어서는 안 되는 필수품인 듯 했다. 한족은 물론 소수민족조차 전통의상을 입지 않을 경우에는 으레 군모를 썼다.

중국을 여행해 보면 모택동의 사회주의 혁명이 중국 역사에 얼마나 큰 획을 그었는지 깊이 실감하게 된다. 중국민족은 혁명을 해방이라고 부른다. 모든 것은 이 해방을 기점으로 그 전과 후로 나뉜다. 정치, 경제는 말할 것도 없고 의식. 풍속, 어느 것도 대전환을 가져오지 않은 것이 없다. 이 전환은 그러나 중국민족에게는 항상 긍정적인 것, 해방을 가져온 것이라고 평가되고 있고, 그것이 해방군의 모자를 애용하는 것으로 나타나고 있는 것이다.

내일은 리수족 조사를 나간다. 태국에서 살펴보았고 또 한국에서 신문에 글도 쓴 일이 있는 리수족은 내게는 상당히 가깝고 친숙한 민족이다. 그들이 윈난성에서도 서쪽 끝에 몰려 있다는 것은 태국에서는 미처 알지 못했던 사실로서 어쩌면 그들을 좀 더 깊이 아는 중요한 단서가 될 수도 있겠다는 생각이 들었다.

나는 중국에서 소수민족을 조사하며 민족의 흐름을 결코 무시할 수 없다는 것을 알게 되었다. 소수민족은 몇 백 년 또는 몇 천 년에 걸쳐 서서히 이동해 왔다. 이 계속적인 이동에는 어떤 동기와 이유가 작용한 것일까, 어떤 규칙에 의해 그들은 이동한 것일까, 민족 이동의 동기와 이유와 규칙, 이 모든 것을 알아낼 수 있다면 그 민족의 시원지(始原地) 즉 정체성을 알아내는데 도움이 될 것이라 생각되었다.

윈난성의 소수민족 분포 상황을 보면 리수족은 북서쪽에 자리 잡고 있고, 하니족과 라후족은 남쪽에 몰려 있다. 만일 어떤 충격에 의해 민족이 동에서 서로, 또는 서에서 동으로 이동하지 않은 한, 즉 따뜻하고 토질이 좋은 남쪽만을 향해 이동해왔다고 본다면 리수족은 현재 위치에서 북쪽, 즉 티베트 쪽에서 그 시원을 찾아보아야 하고, 하니족이나 라후족은 윈난성 이북, 그러니까 쓰촨성(四川省)이나 꿰이주성(貴州省), 산시성(陜西省), 간쑤성(甘肅省) 등지를 시원지로 보아야 할 것이다.

아침에 준비가 끝나자 누장(怒江)을 끼고 북으로 향했다. 푸꽁(福貢)과 꽁샨(貢山)에 이어지는 도로였다. 지도에는 굵은 선으로 뚜렷이 표시되어 있으나 도로 사정은 말이 아니었다. 도로는 계속 경사가 가파른 산과 산 사이 좁은 골짜기로 뻗어 있었다. 포장이 안 된 것은 말할 것도 없고 도로 정비가 제대로 되지 않아 산사태로 무너진 돌더미가 길가에 그대로 방치되어 있는 곳도 많았다.

길에 리수족이 더러 눈에 뜨이긴 했으나 이렇다 할 마을은 보이지 않았다. 마침내 허름한 초가가 수십 채 있는 마을이 나타나 우리는 그 앞에 차를 세웠다. 노쟝이 저만치 흐르는 마을 앞에는 꽤 넓은 논이 펼쳐져 있었다.

차에서 내려 자세히 살펴보니까 마을이 참으로 이상했다. 가축도 없고 어린애도 없고 살림살이도 전혀 보이지 않았다. 텅텅 비어버린 그 마을은 적막하고 쓸쓸하여 이상한 괴기(怪奇)마저 느끼게 했다. 그 때서야 나는 그 마을이 언젠가 책에서 읽은 농사철에만 사용하는 농막이라는 것을 알아차렸다.

마침 지나가는 사람이 있어 물어보자 리수족은 모두 산 위에 산다고 했다. 하긴 강가 평지에는 도무지 마을을 이루고 살만한 땅이 없었다. 아득히 높은 산 중턱과 꼭대기에 리수족 마을이 드문드문 바라보였다. 올라가려면 적어도 두 시간은 걸린다고 하여 우리는 아쉽지만 단념하기로 했다.

이 농작마을의 농막(農幕)을 리수족 말로는 '쓰히'라고 했다. 음력 3월 말에서 4월에 걸쳐 산에서 내려와 볍씨를 뿌린 다음 노인만 남겨둔다고 한다. 젊은이들은 마을로 올라가서 옥수수를 심고 벼가 익는 음력 8~9월 무렵에 내려와 추수를 해가지고 올라간다고 한다.

우리는 평지이면서 사람이 사는 마을을 찾아 다시 길을 떠났다. 한 삼십분 달렸을까 앞에 자동차 여러 대가 밀려 대기하고 있는 것이 보였다. 길이 막혀 갈 수 없다는 것이었다. 도로를 고치기 위해 발파 작업을 하고 있는데 한 시간 후에도 열릴지 알 수 없다는 것이었다.

우리는 단념하고 발길을 돌릴 수밖에 없었다. 어제 다리(大理)에서 떠날 때 들은 말이 생각났기 때문이다. 어떤 미국인이 자동차를 빌려 타고 꽁샨까지 갔는데 길이 막혀 일주일이나 갇혀 있었다는 것이다.

자동차를 곧바로 돌려 류쿠시(六庫市)로 돌아와 점심을 먹고 이번에는 반대 방향, 즉 누장(怒江)을 끼고 남쪽으로 차머리를 돌렸다. 얼마 가지 않아 리수족 마을들이 하나둘 나타나기 시작했다. 북쪽과는 달리 평지에서 얼마 높지 않은 산기슭에 자리 잡은 마을들이었다. 우리는 그 중 한 마을 안으로 들어갔다. 마을 이름은 라오주바촌(老株巴村)이었다. 우리는 다른 데와 마찬가지로 바로 촌장을 찾아갔다. 촌장은 마침 마당에서 곡물을 손질하다가 별로 싫은 기색 없이 맞았다.

이곳 리수족은 전부 기독교화되어 있었다. 약 45년 전, 그러니까 문화대혁명 전 미국과 영국의 영향으로 교인들이 됐다고 한다. 올해 34세라고 하는 촌장은 자기 할아버지 대부터 마을 사람들이 기독교를 믿게 되었다고 말했다. 기독교화 된 곳이어서 그런지 이 마을에도 전통은 거의 남아있지 않았다.

가구 40여 호, 인구는 200명 정도라고 했다. 민족복(民族服)도 다 벗어버리고 민족종교(民族宗教)도 모두 팽개쳐버린 상태였다. 마을에는 교회가 하나 있고 리수족 문자로 된 성경책과 찬송가책을 가지고 있었다.

리수족에게는 고유문자와 고유 언어가 있었다. 고유문자가 있어서 당연히 역사책도 가지고 있었으나 문화대혁명 이후 마을 사람들 스스로 모두 불태워버렸다고 한다. 처음에 나는 이들의 말을 잘 이해하기 어려웠다. 자기 민족의 역사 기록을 태워버리다니. 그러나 곰곰이 생각해 보면 아주 이해가 안 되는 것도 아니었다. 그들은 민족의식을 차츰 잃어가고 있는 것이다. 그 원인은 이들이 서서히 기독교화 돼 가는데다가 민족의식 어쩌고 하기에는 생계가 너무 어렵다는 점을 생각할 수 있다. 기독교는 세계주의이므로 제일 먼저 민족의식부터 소멸시켜버린다. 그리고 그날그날 생존에 쫓기는 이들에게 있어 민족의식이란 사실 귀찮은 액세서리에 불과할 것이다. 리수족 말로 된 성경책을 어른들은 읽을 수 있으나 아이들은 거의 읽지 못한다고 했다. 2학년까지의 과정을 배우는 초등학교가 하나 있긴 하지만 중국어로만 가르치기 때문에 리수족 문자를 배울 기회는 없다고 했다.

이런 경우 후이족(回族)은 예배당에서 아침과 저녁 또는 방학 때를 이용해 집중적으로 후이족 언어를 가르치고 아울러 민족의식도 심어주고 있으나 리수족에게는 그런 것이 없었다. 이들의 어린 아이들은 불과 얼마 안 있어 그들의 고유문자는 물론 그들 민족의 뿌리조차 모두 잃어버리고 말 것이다.

이들의 조상에 대한 기억이란 기껏 나무를 깎아 만든 활 정도였다. 그 활은 시솽반나 부근 하니족 마을에서 본 것과 모양이 똑같았다. 조상에 대한 질문에는 두 마을에서 똑같이 그 활을 내놓았다.

촌장은 그들 조상이 그 활을 만들게 된 내력을 짤막하게 말했다. 그 때까지 그들 조상은 모두 창으로 사냥을 했다. 어느 날 조상 한 사람이 사냥을 하다가 탄력이 아주 좋은 나무 한 그루를 발견했다. 조상은 그 나무를 집으로 가져와 심어놓은 상태에서 화살을 만들어 그 앞을 지나가는 짐승들을 쏘아 잡았다. 활이 땅에 고정되어 있으니까 여간 불편한 것이 아니었다. 조상은 그 나무를 잘라서 활을 만들었고 그때부터 자유롭게 들고 다니며 짐승을 잡을 수 있게 되었다는 것이다.

이것으로 우리는 이들의 조상이 사냥을 즐겨 하며 살았다는 것을 알 수 있었다.

그때 문득 태국 북부에 갔을 때 들은 말이 떠올랐다. 그 곳 사람들은 아카족을 "이거"라고 부르고 리수족은 "뭇서"라고 불렀다. "이거"는 "아주 천한 노예"라는 뜻이고 "뭇서"는 "사냥꾼"이라는 뜻이라고 했다. 아카족은 이 곳 윈난성의 하니족과 같은 민족이다.

태국 북부에서는 아카족과 리수족이 아주 가까이 살고 있었다. 아카족과 리수족과 라후족, 이 세 민족은 다른 티베트계, 몽골계, 중동계 민족들과 달리 서로 간에 유사성이 많았고 우리 민족과도 동일한 부분이 있었다. 그래서 『치앙마이』의 저자 김병호 씨는 이들 중 한 민족 또는 세 민족 모두가 우리 고구려의 유민일 수 있다는 주장을 폈던 것이다.

방금 리수족은 조상에 대한 질문에 활을 내놓았다. 그 활은 시쐉반나 하니족 마을에서도 보았다. 다른 민족에게는 없는 활을 똑같이 가지고 있는 이 두 민족은 대체 어떤 관계일까. 대체 어떤 관계이기에 민족적 유사성과 더불어 똑같은 유물을 소장하고 있는 것일까. 의문은 많았으나 해답은 쉽게 얻어질 성질의 것이 아니었다.

이곳 리수족(傈僳族)은 의외로 난징(南京), 톈진(天津) 등지에서 왔다고 했다. 3개 마을을 조사했으나 약속이나 한 듯 모두 같은 대답을 했다. 난징은 장쑤성(江蘇省)의 성도이고 양자강(揚子江)의 남쪽 하류에 위치해 있다. 톈진은 북쪽으로 훨씬 올라가 허베이성(河北省)에 위치해 있으나 양자강을 기준으로는 강북에 속한다.

삼국사기 제22권 고구려본기 제10(三國史記 卷第二十二 高句麗本紀 第十) 보장왕 하편을 보면 "여름 4월, 당 고종이 2만8천3백 호를 강회(江淮)의 남쪽과 산남(山南)과 경서(京西) 등지에 있는 모든 주(州)의 사람이 없는 지역으로 이주시켰다"고 기록되어 있다.

여기에서 강회(江淮)는 장시성(江西省), 안후이성(安徽省) 일대를 뜻하며 산남(山

南)은 시짱자치구(西藏自治區), 경서(京西)는 베이징을 말한다. 고구려 본기의 기록과 리수족 본향의 일치는 단순한 우연일까. 태국 북부에서 나는 이미 아카족, 리수족, 라후족의 우리 민족과의 유사성을 확인한 바 있다.

그리고 그 확인은 이 곳 윈난성 조사에서도 크게 어긋나지 않았다. 리수족이 이 마을에 정착한 것은 약 150년 전이라고 한다. 그러나 그 이전에 두어 번 이 일대에서 자리를 옮겼다는 얘기를 선조에게서 들었다고 한다. 그렇다면 그들이 난징, 톈진에서 떠나온 시기는 언제란 말인가.

이것은 참으로 의외의 결과였다. 나는 어제까지도 그들이 티베트 어딘가에서 왔을 것이라고 거의 단정적으로 생각하고 있었다. 왜냐하면 그들의 현재 위치는 메이리쉐산(梅里雪山)과 이어진 험준한 산맥을 넘어 리장(麗江) 주변이기 때문이다. 강소성이나 하북성에서 이곳 윈난성까지는 1만여 리가 넘는 먼 거리이다. 민족 이동의 경로가 이렇게 상상을 초월하는 것이라면 어제 내가 생각했던 법칙 같은 것은 아예 생각할 수도 없는 일이 아닌가.

내가 알고 있는 리수족의 홍수설화를 그들은 조금 달리 기억하고 있었다. 옛날에 홍수가 나서 천하가 다 물에 잠겼다. 두 남매가 조롱박 안에 들어가 둥둥 떠다니다 물이 좀 빠지자 육지에 닿았다. 그 육지는 바로 누장(怒江) 주변이었다. 남매가 같이 살면서 아들딸을 많이 낳았다. 성장하자 첫째는 이쪽 산, 둘째는 저쪽 산, 하는 식으로 각기 분가를 시켰다. 그래서 오늘과 같이 누장 주변에 많은 리수족이 살게 되었다는 것이다.

이 이야기에는 논리성이 상당히 결여되어 있음을 알 수 있다. 난징, 톈진에서 왔다면서 창세신화라고 할 수 있는 홍수설화와 이 곳 누장 주변을 접목시킨 것이 그렇다. 그러나 상상해 보면 내게 이런 이야기를 해준 사람의 어린 시절 그 할아버지가 들려주었다면 이런 왜곡된 창작쯤은 얼마든지 할 수 있는 일이 아니었을까 생각되었다.

이들이 알고 있는 다른 민족은 한족과 이족, 징포족, 나시족, 바이족, 누족 등이었다. 애석하게도 하니족이나 라후족에 대해서는 아는 바가 전혀 없었다. 더구나 그들의 절반은 몽고반점이 없다고 했다. 그러나 어순은 우리와 똑같았다.

리수족에도 화리수니 뭐니 해서 다소의 갈래가 있는 것으로 아는데 이들은 리수족 하나뿐이라고 딱 잡아뗐다. 그렇다면 화리수니 뭐니 하는 것은 다른 민족들이 편의상 붙인 것인가.

문자와 언어는 구태여 따진다면 징포족이나 나시족과 유사하다고 말했다. 그리고 가장 가깝게 지내는 민족은 한족(漢族)과 이족(彝族)인데 이들과는 통혼도 빈번히 한다고 말했다. 그러나 결혼은 원칙적으로 리수족 끼리만 하고 있으며 형식은 자유 결혼, 일부일처제를 지키고 있다고 했다.

결혼할 때는 남자 집에서 여자 집에 예물과 돈을 보내는데 돈은 40~50위안 정도, 예물은 옷, 패물 등을 보낸다고 한다. 결혼하면 그날로 여자를 데려오고 음식을 잘 차려 마을 사람들과 친척들을 모두 불러 저녁 한 끼를 잘 대접하는 것으로 결혼식을 끝낸다고 한다. 결혼식 때는 민족복장을 입지 않고 양복을 새로 장만해 입고, 자녀는 현재 정부에서 둘까지 허용하고 있다고 한다. 아이는 집안 땅바닥에서 널판자를 깔고 그 위에 천을 깐 다음 낳는다고 한다. 아이 낳기 전후의 금기는 기독교인이어서 전혀 없었다.

장법은 토장, 마을에서 될수록 먼 산속에 묻는다. 염은 먼저 긴 검은색 두루마기 같은 것을 입히고 관안에 마포를 깐 다음 시신을 눕히고 마포를 접어 싼다. 옛날에는 입에 금이나 은을 조금씩 물렸으나 지금은 하지 않는다. 출상은 대개 3일 만에 하고 한여름 몹시 더울 때는 2일 만에 하는 경우도 있다고 한다.

매장할 때 방향은 따지지 않고 얼굴은 하늘을 향하도록 하되 반드시 높고 잘생긴 산이 바라보이도록 눕힌다고 한다. 시신이 골짜기를 보도록 눕히면 좋지 않다고 믿고 있어 혹시 이들이 전에는 산신신앙을 갖고 있지 않았나 생각되었다. 실제 태국북부에 있는 리수족은 산신신앙이 대단했다. 그러나 이곳 리수족은 일찌감치 기독교화하여 그런 흔적은 찾아보기가 어려웠다,

비석은 돌로 세우고 집안에 따로 형태를 갖춰 모시는 것은 없다고 한다. 다만, 음력 1월 2일에는 온가족이 음식을 장만해 산소에 찾아가 주변을 깨끗이 치운 다음 음식을 차려 놓고 한 줄로 늘어서 절을 한다고 했다. 줄은 서열대로 서고 모자는 반드시 벗으며 절은 무릎을 꿇는다고 했다.

리수족이 기독교화 되기 전에 지켰던 풍습 몇 가지를 들려주었다. 음력 6월 25일 저녁이 되면 집집이 음식을 잘 차려 먹었다. 26일에는 송진을 빻아 가루로 만들어 주머니에 넣고 소나무 껍질을 묶어 홰를 만들어 불을 붙였다. 말린 소나무 껍질은 불이 잘 타지만 화력이 더 좋으라고 가끔 송진가루를 뿌려주기도 했다. 화력이 좋아야 그 해 운수가 좋고 화력이 약하거나 꺼지면 액운이 닥친다고 믿은 것이다. 리수족은 중국의 어느 민족보다 가난해 보였다. 적어도 내가 중국에 와서 지금까지 본 소수민족 중 가장 힘겹게 살고 있었다. 저런 곳에 어떻게 발을 붙였을까 싶은 가파른 경사지도 모두 곱게 일구어 씨앗이 뿌려져 있었고, 저런 곳에서 어떻게 살까 싶은 험준한 곳에도 고샅고샅 집들이 보였다.

리수족을 조사하여 얻은 가장 큰 수확은 그들이 오래 전에 난징(南京) 지역에서 왔다는 확실한 증언이었다. 어떻게, 무슨 동기로 이주하게 되었느냐는 물음에는 "생존경쟁에 밀려" 또는 "분쟁이 있어서"라는 막연한 대답 밖에 나오지 않았다. 그러나 아무튼 리수족의 역사적인 이동 경로를 단편적으로나마 알았다는 것은 큰 성과가 아닐 수 없었다.

| 량허현의 아창족 |

초등학교 입구. 남자들이 난간에 걸터앉아 한담을 나누고 있다

활짝 웃는 노인

집안에 설치한 어마어마하게 큰 부적들

검정색 바탕에 여러가지 색실을 섞어 베를 짜는 여인

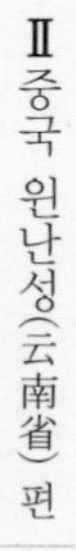

농가와 농부

받침까지 한꺼번에 만든 맷돌

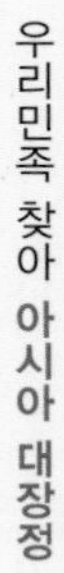

아창족 노파

여자의 화려한 머리 장식

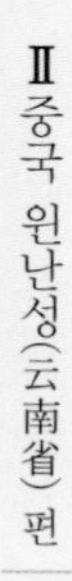

23. 량허현(梁河县)의 아창족(阿昌族)

이곳 량허현(梁河县)에서 조사할 수 있는 소수민족은 모두 5종류였다. 다이족(傣族), 아창족(阿昌族), 더앙족(德昂族), 지눠족(基諾族), 한다이족(旱傣族) 등이다.

량허에서 곧장 산길로 접어들어 한참 올라가자 드문드문 마을들이 나타나기 시작했다. 한족(漢族), 다이족, 아창족 마을들이 함께 있는 곳이었다. 지금까지 조사한 바로는 소수민족은 다른 민족과 한 마을에서 뒤섞여 사는 법이 절대로 없다. 이곳의 경우에도 3종류의 민족이 비록 같은 산속에 서로 인접해 살아도 민족 간의 마을 구분은 아주 엄격했다. 예전에는 혼인도 다른 민족과는 절대로 하지 않아 근친혼(近親婚)이 많았다는 것이 인류학자들의 보고이다.

산은 온통 차밭으로 뒤덮여 있었다. 토질이 좋은지 산꼭대기까지 차나무가 줄져있는 것이 멀리서 보기에도 장관이었다. 산에 차를 이토록 많이 심은 것은 시쐉반나 이후 처음 보는 일이었다. 토질이 좋은 산에는 반드시 소수민족이 많이 산다는 사실은 이미 확인한 바가 있다.

우리는 이날 아창족 만을 집중적으로 조사하기로 하고 마을 두 군데를 찾아갔다. 첫 번째 들어간 마을은 34호에 인구 2백여 명, 두 번째 마을은 70호에 인구 300여 명이었다. 두 마을은 10km가량 서로 떨어져 있었으나 모든 것이 같았다. 고유 언어는 있었으나 고유문자는 없었다. 아창족의 언어가 어느 민족과 가장 유사하다고 생각하느냐고 묻자, 두 마을의 촌장은 똑같이 징포족(景頗族)이라고 대답했다. 타민족과의 관계는 비교적 원만하나 한다이족과 특히 가까워 결혼도 자유롭게 한다고 했다.

마을이 형성된 시기는 두 마을이 똑같이 2백여 년 전이라고 했다. 그런데 재미있는 것은 그들도 류쿠(六庫)의 리수족(傈僳族)과 똑같이 난징(南京)에서 이주해왔다는 것이었다. 내가 난징에서는 언제 이주해온 것 같으냐고 하자 촌장은 방으로 들어가 낡은 책 1권을 들고 왔다. 그들 민족의 역사를 증명하는 족보와 같은 책이라고 했다.

촌장이 책을 뒤적여 한 곳을 펴자 그 곳에는 "명조홍무이년입오당병위국남---(明朝洪武二年入伍当兵爲國南---)"이라는 글이 적혀 있었다. 풀이하면 다음과 같다. "명나라(明朝) 홍무(洪武) 2년(서기 1369년이고 우리나라 고려조 공민왕 18년에 해당함)에 군사로서 훈련을 받고 나라의 남쪽을 위하여---"

그 때 문득 내 머리에 삼국사기(三國史記)에서 읽은 한 구절이 떠올랐다. "당나라 고종이 서기 669년 4월에 고구려 포로 2만 8천 3백 호를 강회(江淮)의 남쪽으로 이주시켰다"는 것이었다. 여기의 강회란 장강(長江)과 회수(淮水) 일대 즉 지금의 장시성(江西省)과 안후이성(安徽省) 일대를 말한다.

이것으로 모든 것이 확실해졌다고 생각되었다. 아창족은 물론 리수족의 이동 시기까지도. 그들도 같은 시기에 난징에서 왔다고 하지 않았던가.

리수족이 처음 중국의 최동단인 난징에서 최서단에 가까운 이곳까지 이주해 왔다고 했을 때 아무리 해도 이해가 잘 안 되었다. 이곳 류쿠는 높은 산맥과 누장(怒江)으로 가로막힌 지역이다. 단순히 '먹고 살기 어려워서'라는 이유만으로는 설명이 충분하다고 할 수 없었다. 리수족, 아창족 그들은 모두 명나라(明朝) 홍무(洪武) 2년에 이 지역에서 일어난 전쟁에 출병되었다가 난징으로 돌아가지 않고 정착한 명조(明朝) 대의 군인들, 거슬러 올라가 고구려 포로들이었음이 확실했다.

그렇다면 그 전쟁은 어떤 전쟁이었는가?

이 시기는 무너져가는 원(元)나라 말기로 각지에서 일어난 세력들 중 강남(江南)의

거점인 난징(南京)을 중심으로 한 주원장(朱元璋)이 중국 남부 지역을 점차 통합해가면서 명(明)나라를 세운 직후이다. 군벌 중에서도 가장 강력한 3대 세력의 하나로 발돋움한 주원장은 남쪽 지방의 세력인 진우량(張士誠), 동쪽의 장사성(張士誠)과의 치열한 전투 끝에 승리를 거두었고, 1368년 난징(南京)에서 명(明)나라를 세우고 연호를 홍무(洪武)라 하였으며, 동시에 북벌군을 일으켜 원나라를 몽골로 몰아내고 중국의 통일을 완성하였다. 아창족, 리수족 등이 "군사로서 훈련을 받고 나라의 남쪽을 위하여"동원된 것도 바로 이 전쟁임에 틀림이 없다.

아창족도 리수족과 마찬가지로 몽고반점이 절반 정도밖에 없었다. 그러나 언어의 순서는 우리와 거의 같았다. 다만 미래형만 달랐는데 다음과 같았다. "나는 간다"하면 아창족 말로 "앙 써"라고 했다. "나는 갔다"는 "앙 써 구오"이고 "나는 갈 것이다"는 "앙 여 써"라 하여 미래를 나타내는 여가 동사의 앞으로 갔다.

신물(神物)이 많지는 않았으나 대문 밖에 붉은 부적을 붙여놓았고 더러 선인장을 매단 곳도 있었다. 집안 거실 벽에는 글씨를 쓴 붉은 종이가 여러 장씩 붙어 있었고 그 한가운데는 반드시 "천지국친사위(天地國親師位)"라고 쓴 종이가 있었다.

종이 아래 선반에는 향로 세 개가 놓였는데 모두 조상을 모신 것이라고 했다. 한 집에는 선반에 향로와 함께 버들가지가 서넛 놓여 있었다. 청명절에 꺾어다 놓은 것인데 역시 부모님을 위한 것이라고 했다. 버들가지는 나시족(納西族) 집에서도 본 일이 있다. 이 버들가지는 일 년 내 둘 수도 있고 바로 버릴 수도 있다고 했다.

이들에게는 태국 북부 야오족(瑤族)과 같은 돈 찍는 기구(器具)가 있었다. 쇠로 된 짤막하게 생긴 것인데 도장처럼 종이에 놓고 찍으면 동글동글 동전 모양이 나왔다. 노란 종이에 찍은 것은 금전, 흰 종이에 찍은 것은 은전이라고 했고, 금전은 신에게, 은전은 조상에게 바치는 것이라고 했다.

지금은 퇴색했지만 전에는 산신(山神), 수신(水神) 등 많은 신을 믿었다고 한다. 뜻밖에 이 민족에게는 아직도 찾아가는 무당이 있다고 했다. 명칭은 완덩(琓燈), 내용적으로는 어떤지 몰라도 지금까지 조사한 민족들은 하나같이 무당 같은 것은 없다고 잡아뗐었다. 문화대혁명 이후부터는 그런 미신 활동 따위는 일체 하지 않는다고 했는데, 이 마을 사람들은 솔직하게 무당이 있고 필요한 사람들은 찾아간다고 털어놓았다.

명절 때는 음식을 차려 조상 앞에 놓는다고 했다. 조상을 모신 선반 바로 밑에 음식을 놓은 다음 세 번 절하는데 그 절하는 방식이 우리와 똑같았다.

이 민족에게는 다른 민족에게 없는 독특한 명절이 있었다. 올로저라고 하는 것인데 음력 1월 1일부터 15일 사이 아무 때나 길일을 택해 치렀다고 한다. 올러저란 말하자면 그들의 시조신 저파마와 저마마를 기리는 명절이다. 저파마는 남자시조이고 저마마는 여자시조인데 지금은 사라졌지만 불과 얼마 전까지만 해도 온 마을 사람들이 모여 하는 가장 큰 행사였다고 한다.

훠바제(火把节 : 횃불축제)는 다른 민족과 마찬가지로 6월 25일에 지낸다고 한다. 리수족은 25, 26, 양일에 걸쳐 지내는데 이 민족은 25일 단 하루만 치른다고 한다. 음력 6월 25일이 되면 닭, 돼지를 잡고 부침개를 부쳐 음식을 푸짐하게 차려먹는다. 저녁이 되면 잘 마른 대나무를 잘게 쪼개 굵은 홰를 만들어 불을 붙인다. 마을 사람들이 한 곳에 모여 하는 것이 아니라 각자 자기 집에서 태우는데, 리수족과 달리 불길이 세고 약하고는 따지지 않고 연기만 잘 나면 된다고 생각한다. 연기로 집안의 모든 나쁜 기운을 몰아내는 것이 훠바제의 참 뜻이라는 것이다.

| 룽촨현 롱띠쩬빵완의 징포족 |

롱띠쩬빵완의 시장

그림같이 아름다운 계단밭

마을의 어린이들

마을 아이들

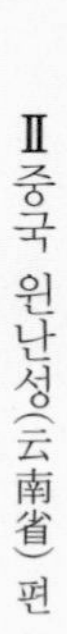

결혼식 여자복장

결혼식 여자복장의 옆모습

결혼식 남자 복장

집안 벽에 붙여 놓은 부적

가정집의 바깥

24. 룽촨현 롱띠쩬빵완(隴川县隴地鎮邦湾)의 징포족(景颇族)

아침에 량허현(梁河县)을 떠나 루이리시(瑞麗市)로 향했다. 징포족(景颇族)을 보기 위해서였다. 징포족은 시쐉반나에 갔을 때 연예단의 공연을 관람한 일이 있다. 민족의상이 아름다웠고, 특히 춤출 때 가슴과 등에 매단 은장식품이 인상적이었다.

징포족은 윈난성에서 린창, 시쐉반나, 그리고 오늘 우리가 찾아 가는 룽촨현(隴川县) 등에 있다고 한다. 룽촨현에만 6만명이나 살고 있다는데도 징포족 마을을 찾기는 그리 쉽지 않았다.

징포족은 대부분 한족 또는 다이족과 가까이 인접해서 살고 있었다. 다른 민족의 영향을 받지 않은 징포족을 보려면 외따로 떨어진 마을을 찾아야 하는데 그것이 그리 쉽지 않았다. 다른 민족과 가까이 있을 경우 문화적 독자성을 잃었을 가능성이 있기 때문이었다.

우리가 가까스로 찾은 마을은 룽촨현 롱띠쩬빵완(隴川县隴地鎮邦湾)의 징포족촌(景颇族村)이었다. 인구 254명에 가구 수가 겨우 35호인 작은 마을이었다.

우리가 마을로 들어서자 한 청년이 맨발인 채 어디론가 급히 달려갔다. 사진을 몇 장 찍고 있으려니까 그 청년이 다시 돌아와 향장(鄉長) 집이 가까운 곳에 있다며 우리를 안내했다. 급히 달려간 곳은 향장집이고 향장에게 우리가 온 것을 알린 모양이었다.

향장은 우리를 기다리고 있었던 듯 반갑게 맞았다. 40대 후반쯤 되어 보이는 교양이 풍기는 남자였다. 향장은 소수민족으로서는 드물게 나에게 악수를 청했다. 우리보다 한 발 먼저 들어간 운전기사가 그사이 내 소개를 그럴싸하게 한 모양이었다.

향장의 부인으로 보이는 곱상한 여자가 노란색 걸상을 내다 죽 늘어놓았다. 우리는 장시간 차에 시달린 끝이라 한숨 돌리며 제각기 걸터앉았다. 찾아간 목적을 간단히 설명하고 인터뷰할 시간을 좀 달라고 부탁했다. 향장은 사회생활을 많이 하는 사람인 듯 주저하지 않고 곧장 협조할 의사를 보였다.

마을에는 6년 과정의 초등학교가 하나 있었다. 중학교는 조금 떨어진 룽바전에 있는데 85%가 진학하고 있으며 고등학교는 35%, 대학생은 1명이 있다고 한다.

우리가 인터뷰하고 있는 동안 마을 사람 서넛이 들어와 옆에 늘어섰다. 그들은 하나같이 눈이 크고 움푹하며 얼굴색이 검었다. 리수족(傈僳族)에 비해 많이 이질감이 느껴지는 얼굴들이었다.

아니나 다를까, 향장은 그들의 뿌리가 티베트이며 그 곳에서 약 1천 년 전에 중국으로 이주해왔다고 한다. 민족이 티베트에서 이주해온 것과 관련된 무슨 기록 같은 것이 있느냐고 했더니 그런 것은 없지만 대대로 전해 들어 알고 있다고 했다. 이주한 이유는 "히말라야가 너무 추워 살기가 어려워서"라고 대답했다.

이 마을에서는 1949년부터 살기 시작했다고 한다. 전에는 그 곳에서 얼마 떨어지지 않은 높은 산 위에서 살았는데 생활하기 너무 불편해서 옮겼다고 한다. 땅은 본래 그들에게 할당된 곳이어서 이주하는데 어려움은 없었다고 한다.

그때 한 남자가 들어와 향장에게 낮은 소리로 무슨 말인가를 전했다. 그러자 향장의 얼굴색이 바뀌며 황급히 몸을 일으켰다. 마을에 무슨 일이라도 난 모양이었다. 우리는 물어볼 말이 더 있었으나 하는 수없이 따라서 일어날 수밖에 없었다. 마을 이곳저곳을 다니며 사진을 좀 찍은 후 차를 몰고 완딩(畹町)으로 향했다

| 싼타이샨향 빵와이촌의 더앙족 |

중국과 미얀마의 국경초소. 초소 넘어 미얀마의 주택들이 보인다.

더앙족 남자들

더앙족 가정집

베 짜는 여인

베 짜는 여인

할아버지와 손자

할머니와 아이들

연애하는 남녀

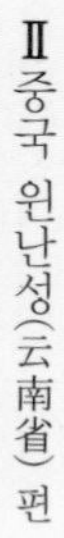

25. 싼타이산향 빵와이촌(三台山鄉帮外村)의 더앙족(德昻族)

완딩에는 미얀마와의 국경초소가 있었다. 짧은 교량을 사이에 두고 바로 맞은편에 미얀마의 집들이 보였다. 교량 이쪽에 철책이 쳐져있고 관광객들이 그 앞에서 기념사진을 찍고 있었다. 학예사 이영희 씨가 비디오카메라를 꺼내들자 초소에 서있던 군인이 다가와서 비디오는 찍지 말라고 제지했다. 카메라는 괜찮지만 비디오는 안 된다는 것이었다. 무슨 이유인지 잘 납득이 되지 않았으나 지시대로 따를 수밖에 없었다.

미얀마에는 통행증만 있으면 누구나 다녀올 수 있다고 했다. 통행증은 대개 여행사를 통해 발급 받고 국경초소에서도 발급해준다고 한다. 이야기를 듣고 보니 통행증 받는 것이 그리 어려운 것 같지 않았다. 하긴 류쿠에서도 노비자로 통과할 수 있다고 하지 않았는가.

나는 문득 하루 미얀마에 다녀오는 것은 어떨까 생각했다. 일정에 없는 즉흥적인 모험도 재미있을 것이라 생각되었다. 미얀마는 어떤 곳일까. 어떤 사람들이 어떤 생활을 하고 있을까. 내 의견을 듣자 가이드 홍경숙 씨는 손뼉을 치며 찬성했다. 그러나 운전기사는 어이없다는 표정으로 고개를 절레절레 흔들었다. 만일 우리가 미얀마로 가면 자기는 혼자 돌아가 버리겠다는 것이었다. 내가 가이드를 쳐다보며 왜 그러느냐고 눈짓으로 묻자 가이드도 모르겠다는 뜻을 고개를 약간 흔드는 것으로 대답했다.

초소에서 몇 발짝 떨어지지 않은 곳에 꽤 큰 시장이 있었다. 도매상도 섞인 듯 과일이 상자 채 쌓여 팔려 나가고 있었다. 그 중 못 보던 이상한 과일이 있어 그 앞에 발걸음을 멈추었다. 고구마처럼 길쭉하게 생겼는데 색이며 모양은 흡사 감자 같았다. 노르스

름한 것도 있고 푸른 것도 있었다. 한 상인이 껍질을 벗기는데 속은 감처럼 샛노랬다. 망고라고 했다. 말로만 듣던 유명한 망고, 조금 먹어 보니까 달콤하고 새큼하고 시원한 것이 그렇게 감미로울 수가 없었다. 지금 팔리고 있는 망고는 전량 미얀마에서 들어오는 것이라고 했다. 중동의 망고는 8월에나 가야 먹을 수 있고 그나마 북쪽에서는 구경조차 하기 어렵다고 한다. 우리는 만나기 어려운 망고를 실컷 먹어보는 것으로 이곳 여행의 추억을 삼기로 했다. 망고 여행, 오늘은 어쨌든 미얀마의 향기를 뱃속에 간직한 것이다.

음식복무공사(飮食服務公司)라는 거창한 간판이 붙은 곳에서 아침을 먹었다. 복무란 서비스라는 말이고 공사란 회사 또는 상회라는 뜻이다. 결국 음식점이라는 말인데 왜 이렇게 거창한 이름을 붙였는지 알 수 없었다.

중국 사람들은 집에서 아침 식사를 거의 하지 않는다고 한다. 이런 현상은 태국과 타이완, 홍콩 등지에서도 볼 수 있었는데 이런 나라에서는 음식점이 아침에 제일 바쁘다. 음식이라고 해봤자 간단한 국수나 죽 한 그릇 정도지만 연방 밀려드는 손님으로 일손이 쉴 틈이 없다

반대로 우리나라는 이런 시간에 음식을 사먹기가 그리 쉬운 일이 아닌데, 더구나 여자들이 출근하는 남편이나 아이들에게 식사를 해주지 않는다는 것은 상상도 할 수 없는 일이다. 그러나 아무튼 우리 같은 여행객에게는 대단히 편리한 풍습이 아닐 수 없었다.

완딩(畹町)을 지나 서산(西山)이라는 곳에서 차를 산 쪽으로 돌렸다. 길가 구멍가게 주인에게 물어보니 그리로 들어가면 더앙족촌(德昻族村)이 나온다고 했다. 조금 가자 마을 하나가 나왔다. 운전기사가 차에서 내려 물어보니까 더앙족촌(德昻族村)이 아니라 다이족촌(傣族村)이라고 했다. 그러면 그렇지 이렇게 입지가 좋은 곳에 더앙족 같은 민족이 살 리가 있나. 안쪽으로 들어가면서 운전기사는 몇 번이나 더 내려 묻고 또

물어보았다. 그러나 번번이 다이족촌이거나 징포족촌(景頗族村)이었다.

중국 사람들도 우리나라 사람들처럼 길을 가르쳐줄 때 결코 친절하지 않다. 손가락을 한번 들어 보이거나 턱짓을 한번 하면 그만이다. 산길로 들어가되 얼마 가야 한다는 말을 해주지 않았기 때문에 운전기사는 차에서 수없이 오르내려야 했고 결국 성질이 있는 대로 뻗쳤다.

능선 길을 한 30분 달렸을까 더앙족(德昂族)으로 보이는 사람들이 하나둘 눈에 띠었다. 더앙족이란 한족이 붙인 이름이고 정작 그들 자신은 뽕룽족이라고 했다. 길가는 사람에게 우리가 더앙족이라고 하면 으레 모르는 얼굴을 했고 뽕룽족이라고 해야 비로소 안다는 표정을 지었다. 나는 혹시 시쐉반나에서 본 부랑족(布朗族)의 발음이 잘못된 것이 아닌가 하여 윈난민족학원의 분류를 보았으나 분명히 부랑족 말고 더앙족이 따로 있었다.

우리가 마침내 찾은 더앙족 마을은 싼타이샨향 빵와이촌(三台山鄉帮外村)이라는 곳이었다. 90여 호에 인구 700여 명인 상당히 큰 마을이었다.

우리는 곧바로 촌장이 있다는 마을회관으로 안내되었다. 마당에 들어서자 몇 사람이 기웃이 고개를 내미는데 그 중 한사람은 다른 사람들과 인상이 영 달랐다. 군계일학이라고나 할까, 깨끗하고 세련된 것이 도회 물을 먹고 교육도 상당히 받은 것 같았다.

소수민족 중에 저런 사람도 있는가, 의아하게 생각하며 소개를 받고 보니 아니나 다를까 그는 한족(漢族) 출신 촌장이었다. 그러니까 지방정부 관리로서 더앙족 마을에 파견되어 나와 있는 한족인 것이다. 더앙족 마을의 촌장이 왜 한족인가. 지금까지 태국과 중국을 다니면서 숱한 소수민족 마을을 보았지만 이런 일은 처음이어서 나는 몹시 궁금했다.

이 마을도 전에는 더앙족이 촌장을 해왔다고 한다. 그러나 너무 낙후를 벗지 못하여 금년에 특별히 정부에서 한족 촌장을 파견했다고 한다. 말하자면 자치 능력이 없어 보호정책을 쓰게 되었다는 얘기인데 700여 명이나 되는 주민 가운데 과연 그토록 인물이 없다는 말인가, 어쩐지 수긍이 잘 안되면서 정부의 감시가 필요한 어떤 문제가 이 마을에 있는 것이 아닌가 하는 의심이 들었다. 이곳은 미얀마와 아주 가까운 지역이다. 게다가 사방이 산으로 둘러싸인 오지 중의 오지이다.

가장 쉽게 추측할 수 있는 것은 아편이다. 아편의 유통을 감시하는 것이 촌장의 역할이라고 생각되었으나 그렇다고 그것을 직접 물어볼 수는 없는 일이었다. 그가 내세우는 명분은 시종 "민족대단결의 기치 아래 더앙족을 개방 발전시키는 것이 목적"이라고 했다. 내가 "더앙족이 이토록 못사는 이유가 무엇이라고 생각하느냐"고 묻자 그는 "자연환경이 열악한데다 역사적으로 문화소질이 약하기 때문"이라 대답했다.

중국 내에서 더앙족이 가장 많이 분포되어 있는 곳은 윈난성 더홍다이족징포족자치주(德宏傣族景頗族自治州)라고 한다. 시솽반나에도 있으나 극히 소수에 불과하고 더앙족은 대부분 깊은 산 속에 살고 있다고 한다. 그 까닭을 묻자 촌장 옆에 앉아 있던 더앙족 남자가 "본래는 평지에 살았으나 인구 많고 세력 좋은 다이족(傣族)에 밀려 산속으로 들어오게 되었다"고 대답했다.

우리가 왔다는 얘기를 들었는지 나이든 남자와 젊은 남자가 여러 명 방안으로 들어왔다. 그들의 인상을 보는 순간 바로 북방 유목민(遊牧民) 같다는 느낌을 받았다. 키는 크지 않고 살색은 검은데 큰 눈에는 이상한 광채가 번득였다. 수렵민(狩獵民) 또는 유목민의 후예는 근본적으로 농업민의 후예와 다른 점이 있다. 수렵민 또는 유목민의 후예는 현재는 비록 농업을 하고 있어도 눈에 뭔가 농업민 후예의 눈에서는 볼 수 없는 이상한 빛, 살기 같은 광채를 띠고 있다.

예측한대로 그들은 미얀마와 인도의 접경지대, 히말라야 부근에서 1천여 년 전에 이

곳으로 이주해 왔다고 한다. 이주하게 된 동기는 "민족 간의 싸움에 져서"라고 했고, 그 곳에서 이곳으로 곧바로 온 것이 아니라 여러 군데를 경유해서 온 것으로 추측된다고 했다. 이주해 오기 전에 조상은 농업을 했을 것 같으냐 유목 또는 수렵을 했을 것 같으냐고 묻자 그들은 망설임 없이 "수렵민이였을 것"이라고 간단히 대답했다.

주변에 있는 민족 중에서 특별히 비슷하다고 느끼는 민족이 있느냐고 하자 "없다. 구태여 든다면 한다이족(旱傣族)과 언어가 조금 비슷한 정도"라고 대답했다. 이들에게는 다이족과 비슷한 문화가 많았다. 우선 발수절을 지킨다는 것과 다이력을 쓴다는 것, 문자가 같다는 것, 소승불교를 믿는다는 것이 그랬다. 발수절이란 다이족의 정초에 해당하는 양력 4월 초에 치르는 큰 명절 행사이다. 우리가 시솽반나에 갔을 때가 마침 그 시기여서 용배 싸움을 재미있게 본 일이 있다.

이들 더앙족의 명절은 일 년 중에 모두 4번 있었다. 발수절(發水節)과 춘절(春節), 관문절(關門節), 개문절(開門節)이었다. 춘절은 한족이 지키는 정월 초하루를 말하는 것이고, 관문절은 음력 7월 15일, 개문절은 그 석 달 후 10월 15일이다. 그러니까 더앙족은 다이족의 정월 명절과 한족의 정월 명절을 다 함께 지키고 있는 셈이다.

관문절은 이들 민족의 조상을 기리는 명절이라고 한다. 옛날에는 7월 15일부터 석 달 후 10월 15일까지 3개월 동안 다음의 규정들을 철저하게 지켰다고 한다. 첫째 도둑질을 해서는 안 되고, 둘째 집안에서 신을 신어서는 안 되고, 셋째 짐승을 잡아서는 안 되고, 넷째 가축은 수컷만 키워야 한다는 것 등이었다.

벼를 심고 거둘 때의 의례도 있긴 했으나 미약한 편이었다. 벼 심을 때 풍작을 비는 의례는 아예 없었고 거둘 때만 간단한 의례가 있었다. 우선 벼가 익으면 이삭 한 묶음을 잘라온다. 그리고 그것을 다른 민족처럼 집안에 걸어놓는 것이 아니라 이들이 믿는 소승불교 사찰에 갖다 걸어놓는다. 그리고 수확한 날은 햅쌀로 밥 또는 떡을 해서 마을 노인들을 청하여 한 끼 풍성히 대접한다. 절에 벼를 거는 뜻은 하늘과 부처와 스님들에게 감사하는 뜻이라고 했다.

이들의 주된 농업은 논농사이고 그 밖에 옥수수, 밀 등도 경작한다고 했다. 이들 역시 농막을 지어놓고 철따라 옮겨 다니는 이동식 경작을 하고 있었다. 농막을 더앙족(德昂族) 말로 '아싼'이라 하고, 한족(漢族)말로는 '워프어'라고 했다. 리수족(傈僳族)은 '쓰히'라고 했는데 이런 단어의 차이도 비교 연구하면 재미있는 결과를 얻을 것 같았다.

앞에서 50대 남자가 더앙족의 언어가 하니족과 약간 통하는 것이 있다고 했는데 조사하는 과정에서 그밖에도 몇 가지 더 유사한 점이 있다는 것을 발견했다. 즉, 지금은 없어졌지만 전에는 마을 문이 있었고, 더구나 죽은 사람 내가는 문이 따로 있었다는 것은 하니족과 같았다.

뿐만 아니라 더앙족에게도 윗사람이 죽으면 조상의 이름을 외우는 의식이 있었다. 이 몇 가지 유사점은 나를 한참동안 깊은 생각에 빠지게 했다. 하니족은 그럼 이들과 마찬가지로 북방 어딘가에서 흘러들어온 민족인가. 그러나 자세히 들어보니까 더앙족의 마을문은 하니족의 그것과는 성격이 많이 달랐다. 우선 매년 세우지 않고 3년에 한 번 세웠고, 그것도 새로 세우는 것이 아니라 낡은 부분을 수리하는 정도에 그쳤다고 한다. 문은 마을 앞과 뒤에 각각 세웠고, 죽은 사람 내가는 문은 그 중간 어디쯤 산으로 올라가기 좋은 곳에 세웠다고 한다. 문을 세우는 날에는 온 마을에 일할 수 있는 사람은 모두 나왔고, 그날만은 아무리 급한 일이 있어도 외부 사람은 절대 들이지 않았다고 한다. 마을 문을 세우는 까닭은 헌 것 고치듯 낡은 것은 물러가고 새 운이 오라는 뜻이고 특히 마을에 악운이 들어오지 말라는 의미라고 했다.

아이는 현재 정부에서 둘까지 허용한다고 했다. 인구가 아주 적으면 셋까지 낳게 할 텐데 둘로 제한한 것을 보면 더앙족의 인구가 그리 적지는 않은 것 같았다. 아이는 보통 침실에서 낳고 침대 위에 대자리를 깐 다음 그 위에 짚자리를 펴고 낳는다고 했다.

아들, 딸의 선호도는 예전에는 아들에 치우쳤으나 현재는 평등하다고 했다. 아이를 낳으면 한 달 동안 문에 칼이나 낫을 꽂아 부정을 막는다고 했다. 내가 짚으로 왼새끼를 꼬아 꽂느냐고 물었더니 그런 것 없이 그냥 문틀에 꽂는다고 했다.

몽고반점은 아주 드물다고 했다. 15~10% 정도. 후에 인터뷰를 마치고 나오면서 두 아이를 살펴보았더니 모두 깨끗이 없었다.